CULTIVANDO LA
Belleza Santa

LIBRO 1 : *Intimidad con Jesús*

Este Libro Pertenece a:

. . . .

POR JESSICA SKY NORTH
www.CultivatingHolyBeauty.com

Contenido

Agradecimientos

Padre,

Gracias por enviar a la persona más importante de mi vida para salvarme, Tu Hijo, Jesús. Nunca me negaste tu amor. Siempre estás dispuesto a encontrarme donde estoy, mientras me guías amorosamente hacia una nueva comprensión de tu corazón. No puedo esperar a ver lo que me prepara el día de mañana. Jesús, estoy tan agradecida de que seas Tú.

Gracias, Padre, por mi marido, Adam, uno de tus mejores soldados. Él ama y cuida de nuestros hijos y de mí con todo lo que tiene. Siempre está dispuesto a dejarme ser yo, incluso cuando es difícil. De amigo de la infancia a amante para toda la vida, gracias Padre por elegirle. Adam, ¡me alegro tanto de que seas tú!

Gracias por nuestros hijos. Te alabo por bendecirlos con paciencia, fidelidad y corazones valientes por la verdad, la pureza y la aventura. Te alabo, Padre, por bendecir mi vida con la de ellos. Podrías habérselos dado a cualquiera, pero me elegiste a mí para ser su madre. ¡Son más de lo que merezco! Noah y Bowen, ¡me alegro tanto de que seáis los dos!

Padre, gracias por el don de mi madre. Ella luchó tantas batallas por mí desde el momento en que nací, enseñándome a salir adelante mientras mantenía mis ojos por encima de las olas. Moma, ¡estoy tan contenta de que Él me diera a ti!

Gracias por Lonnie Berger, que me dio vida y me señaló hacia Ti de una manera innegable. ¡Lonnie, doy gracias a Dios por ti!

Padre, te doy las gracias por las mujeres que me permitieron formar parte de su viaje y por compartir sus historias en las páginas de Cultivando la Belleza Santa. Gracias por las innumerables voluntarias que han dedicado su tiempo y su talento a Tu obra. Bendícelos a todos, Padre!

Con amor,

Jessie

Bienvenido a Cultivando la Belleza Santa
UNA NOTA DE LA AUTORA

Hermanas,

¡Me alegro mucho de que estés aquí! Ha *llegado* el momento de que unamos nuestros brazos y aceptemos nuestro papel en el campo de batalla espiritual. El primer paso para hacer discípulos de Jesús es convertirse uno mismo en discípulo. A lo largo de l Libro 1, "Intimidad con Jesús", aprenderás cómo convertirte en discípulo de Jesucristo.

A medida que aprendas a pasar tiempo íntimo con Dios cada día, crecerá tu confianza y tu fe en Su bondad y fidelidad. Una comprensión más profunda del amor y el perdón de Dios comenzará a echar raíces en su corazón, haciendo que usted brille para los demás como un faro en una noche oscura. El proceso de hacer discípulos ocurre naturalmente cuando otros son cautivados por Jesús en ti.

Crecer en tu relación con Jesús y aprender a hacer discípulos dependen el uno del otro. Cuando comienzas a crecer en tu creencia y confianza en Dios, se muestra en el exterior, y otros comienzan a anhelar la libertad que ven en ti. Rezo para que aprendas a encontrar tu identidad sólo en Cristo en este viaje a través del *Cultivo de la Belleza Sagrada*. Él es el único que determina tu valor. Él murió para que pudieras ser libre. Tú le importas mucho a Dios. Deja que lo asimile.

Como ocurre con cualquier cosa de valor, el estudio sólo será tan fructífero como el esfuerzo que le dediques. No se trata de un carrera-no se trata sólo de terminar el próximo estudio bíblico. Se trata de tu crecimiento espiritual como hija del Rey.

La Palabra de Dios es nuestra estrategia de batalla: nos enseña la Verdad y arroja luz sobre las mentiras que oímos del acusador. No podemos esperar a ganar las batallas a las que nos enfrentamos cada día -las mentiras que oímos sobre nuestro valor para Dios y para nuestros seres queridos- si no tenemos la estrategia de batalla de la Palabra de Dios escrita en las tablas de nuestro corazón.

Te animo a disfrutar del camino y a darlo todo. El crecimiento espiritual no es fácil, y puede haber momentos en los que simplemente quieras renunciar, pero Él lo vale, ¡tú lo vales! Avanzar con Jesús sólo requiere que mantengas tus ojos fijos en Él, Su Espíritu hace el resto. ¡Tú puedes hacerlo! Por favor, sepa que el equipo de *Cultivando la Belleza Santa* y yo estamos orando por usted todos los días.

Que me encuentre con mi Jesús,

Jessie

¿Es usted el Líder del Grupo?

ALGUNAS COSAS QUE DEBE SABER

Discutir estos detalles de antemano le ayudará a que el grupo tenga éxito.

El Cultivo de la Belleza Sagrada (CHB) consta de dos partes:

- La primera parte de la serie Cultivando la Belleza Santa se centra en tu relación vertical con Dios y consta de tres libros:

    1. Libro 1: Intimidad con Jesús

    2. Libro 2: Dejar que el Sanador Cure

    3. Libro 3: Caminando en lo nuevo o "W.I.N." (Walking In the New)

- Esta parte de la serie puede durar una media de 35 semanas, sin incluir las pausas por vacaciones y días festivos.

- La Parte II (que se publicará en el futuro) se centra en tu identidad en Jesús y en tus relaciones horizontales, como la forma en que te ves a ti mismo, el matrimonio y la maternidad.

- Las habilidades que se enseñan en Cultivando la Belleza Santa se complementan entre sí. Asegúrate de completar los libros en orden para obtener el máximo beneficio.

Fundamentos del Grupo

PREPARACIÓN DE SU GRUPO

- Primero, ora y pídele al Señor quién desea que esté en tu grupo *Cultivando la Belleza Santa*. Cuando Él traiga a alguien a tu mente, comienza a orar por ellos, y pídele al Señor que prepare su corazón para la invitación.

- El tamaño óptimo de un grupo es de cuatro a seis mujeres. Recomendamos que más de seis se dividan en grupos más pequeños para disponer de tiempo suficiente cada semana para compartir y debatir.

- Es importante saber en qué punto de su camino se encuentran los participantes cuando se forma el grupo. Algunas preguntas que puedes hacer:

  1. ¿Crees en Jesús?
  2. ¿Creciste en la iglesia?
  3. ¿Tienes una Biblia?
  4. ¿Qué espera obtener de este curso?

- ¡Los no creyentes son bienvenidos! Si Dios ha guiado a alguien a su g grupo que todavía no es creyente, entonces confíe en Él con Su propósito y Él hará todo el trabajo. La gente ha venido a Jesús durante el viaje a través del material. No nos interpongamos en el camino de los planes de Dios. (Un plan simple de Salvación está escrito bajo la sección "¡Quiero a Jesús!" abajo).

- La lección 1 del Libro 1, "Intimidad con Jesús", se estudiará en grupo durante la primera reunión. Sin embargo, después de la lección será completar la leccion como tarea antes de la siguiente reunión y revisarlos juntos como grupo.

- En las páginas 13-15 encontrarás una "Evaluación Espiritual" para ti y los miembros de tu grupo. Este cuestionario está diseñado para hacerte algunas de las preguntas difíciles. A veces las personas no se dan cuenta de que nunca han pedido a Jesús que entre en su corazón, especialmente los que proceden de otras religiones. Esta evaluación es fundamental para ayudar a los miembros del grupo a valorar su propio estado espiritual, y les da la oportunidad de compartir sus respuestas con el grupo.

- En la ocasión en que alguien venga a Cristo durante su grupo, ¡deja lo que estás haciendo y CELEBRE! Esta es la decisión más importante de sus vidas, ¡y debe ser celebrada como tal! Algunas ideas son tiempo extra de adoración y oración, orando una bendición sobre ella, permitiendo que cualquier persona del grupo que lo desea se una oración. Puede planificar una cena en honor de su decisión, ¡o traiga un pastel de cumpleaños "renacida" a la próxima reunión!

- Como preparación para la reunión, lea la l e c c i ó n y subraye una o dos preguntas que se discutaran en el grupo. Anote los números de página de las preguntas resaltadas en la Guía del líder, en la sección correspondiente.

- Antes de cada reunión, escriba un resumen de 2-3 frases de la lección en el espacio proporcionado en "Navegar por el tiempo de su grupo."

- Reserve al menos dos horas para la reunión. Es posible que se necesite más tiempo dependiendo del número de personas que haya en el grupo. Sea intencionado, respetuoso, comience y termine a tiempo.

- Deje para el final las conversaciones y las charlas adicionales. De este modo, las personas que tengan obligaciones con sus maridos, hijos u otros compromisos podrán marcharse a tiempo. Discuta las expectativas de tiempo al principio para que quede claro expectativas y responsabilidad.

- Los preparativos para el cuidado de los niños y el lugar de la reunión deberán ser antes de la primera sesión de grupo. Conseguir que la reunión sea lo menos estresante posible es fundamental para ayudar a los miembros del grupo a completar el curso con exito.

- Después de decidir la hora y el lugar de reunión, planifica un día alternativo para que el grupo se reúna en caso de que alguien tenga que faltar a la reunión.

- Si alguien tiene que faltar a una reunión, el responsable del grupo debe reunirse con él personalmente o por teléfono para ayudarle a ponerse al día y seguir conectado.

- Hable con su grupo y decida quién se sentiría cómodo dirigiendo en su ausencia.

- Aunque "Intimidad con Jesús" consta de ocho lecciones, puedes decidir dedicar más de una semana a ciertas lecciones, avanzando al ritmo del grupo.
La verdadera transformación es un proceso y no puede precipitarse. Sin embargo, tomar más de dos semanas en una lección puede hacer que el grupo pierda impulso. Procura no permanecer demasiado tiempo sentado en una lección.

- Siga la Guía del líder que aparece al principio de cada lección. Ha sido probada sobre el terreno y le ayudará a mantener el rumbo y a dirigir grupos con éxito.

- También se proporciona una Guía del participante para ayudar a los miembros del grupo a comprender cómo completar la lección.

- Oren por los miembros de tu grupo a lo largo de la semana, asegurándote de mantener una comunicación fluida a través de mensajes de texto o llamadas telefónicas.

- Al igual que la verdadera transformación es un proceso, el liderazgo también lo es. Permítete crecer y cultivarte como líder.

- Al equipo de Cultivando la Belleza Santa le encantaría saber de ti. Envíanos una foto del formulario "Comparta Su Experiencia" al final del libro o rellena el formulario de nuestra página web para contarnos cómo vas a en tu camino enviándonos un correo electrónico a **hello@CultivatingHolyBeauty.com**.

Guía Para el Éxito del Grupo

A continuación, se presentan el guia recomendadas para que un grupo *Cultivando la Belleza Santa* (CHB) tenga éxito:

- Siga la Guía del Líder, asegurándose de establecer prioridades:
    1. Adoración
    2. Oración

3. Compartir momentos de tranquilidad.

- Empezar a tiempo. Comenzar el tiempo de grupo adorando a través de la música no sólo ayuda a los corazones y mentes ocupados a asentarse y centrarse en Dios, sino que también ayuda a garantizar que quien llegue tarde no se pierda la hora de discusión de la lección.

- Cuando llegues a la reunión, sigue la Guía del Líder. Está diseñada para ayudar a los miembros del grupo a sacar el máximo provecho del tiempo en grupo.

- Cuando el tiempo de adoración llega a su fin, el líder del grupo debe pasar a la oración, modelando el método WAR de oración para el grupo (Adoración, Admitir, Pedir). Después de la Lección 5, el grupo comenzará a participar en el método WAR de oración conjunta. Si eres nuevo en Cultivando la Belleza Santa, haz una vista previa de la Lección 5.

- Una vez finalizado el tiempo de oración, haz un resumen rápido de la lección a partir de tus notas escritas en la página de la Guía del Líder.

- Comparta Tiempos de Silencio cada semana y siguiendo el formato de la página 31. Anime siempre a todos los miembros a compartir, aunque algunos no se sientan cómodos al principio. Siga buscando formas de apoyar y fomentar la participación de todos los miembros.

- Siguiendo la Guía del Líder, en la segunda mitad del tiempo de grupo asegúrate de:
    1. Compartir las respuestas a las preguntas elegidas por el líder.
    2. Discuta las secciones "Repaso" y "Antes de la próxima lección".
    3. Recitar versículos de memoria.

- Aunque queremos mantener al grupo en el camino correcto, a veces Dios tiene sus propios planes que no debemos desbaratar. Puede haber ocasiones cuando el grupo ministra a un miembro en particular que necesita que se le hable la verdad y esto termina tomando toda la reunión. ¡No tenga miedo de dejar que esto suceda! Dios está haciendo crecer a los lideres en estos momentos mientras ministran a las personas que sufren a su alrededor con sus nuevas habilidades. No es difícil reconocer cuando el Espíritu Santo se está moviendo frente a alguien que sólo quiere hablar. De nuevo, no tengas miedo de dejar que Dios tome el control.

- Destaca una o dos preguntas para debatirlas en el grupo, animando a los participantes a compartir sus respuestas. A menudo, serás tú quien hable menos en el grupo debido a la puesta en común que está teniendo lugar. Esta es una buena señal de que el Espíritu Santo está dirigiendo más que el líder del grupo.

- Mantén el rumbo del grupo. Preste atención cuando el grupo se desvíe deltema. El líder debe dirigir suavemente la conversación de vuelta al estudio. Una vez alcanzado el objetivo del tiempo de grupo, se puede entablar una conversación adicional.

- El líder debe asegurarse de que la reunión termine a tiempo, siendo respetuoso con los miembros del grupo, la familia o los trabajadores de la guardería que puedan estar esperándoles. Si necesita más tiempo para la lección, asegúrese de que el grupo está de acuerdo en quedarse más tiempo o utilice la reunión de la semana siguiente para continuar donde lo dejó.

- Da la gracia a aquellos que están experimentando circunstancias inusuales y necesitan más tiempo para completar la lección.

- El grupo debe ser un lugar seguro para compartir momentos de tranquilidad y luchas sin condenas ni juicios. Lo que se comparta en el grupo debe ser confidencial. Pregunte siempre a los miembros del grupo antes de compartir cualquier información con su cónyuge, pastor o cualquier otra persona.

Abordar Temas Dificiles

- El discipulado es a menudo desordenado. A veces significa que te sientes luchando más que ellos por el camino de otra persona con Dios. Esta lucha, sin embargo, se hace en oración, no en persona.

- Recuerda, no puedes controlar la seriedad con la que alguien toma en su camino a Dios. Todo lo que puedes hacer es ser una luz brillante para ellos enfocándote en tu propio caminar. La luz de Jesús en ti cautivará a las personas, permitiéndote señalarles a Él.

- Hacer discípulos es uno de los mayores privilegios que tenemos. Pero a veces puede ser complicado, dar miedo y parecer arriesgado. Es importante recordar que Dios no nos dio un espíritu de timidez, sino de poder y amor. ¡(2 Timoteo 1:7)! Si te sientes abrumado al liderar un grupo o por una situación en tu grupo, esto puede ser una señal de que te estás esforzando en tus propias fuerzas. ¡Quita tus ojos de tu grupo y ponlos de nuevo en Jesús! Tu tarea como Líder de Cultivando la Belleza Santa es primero, continuar creciendo en tu relación con Jesús, y segundo, enseñar a otros a hacer lo mismo viviendo tu amor por Jesús frente a ellos. Como hacedores de discípulos, esto es todo lo que podemos hacer.

- Cultivando la Belleza Santa no autoriza a nadie a dar consejos de consejería profesional. Este curso proporciona habilidades para conocer y amar profundamente a su Salvador, enseñando a otros a hacer lo mismo.

- Ninguna parte de Cultivando la Belleza Santa debe utilizarse para sustituir la atención médica profesional. Si sientes que alguien está mostrando señales de hacerse daño o está en peligro, ¡no esperes ni te equivoques! Acércate a tu pastor, a la líder del ministerio de mujeres o a alguien que conozcas y que pueda ofrecerte apoyo de inmediato.

Curso Record

LIBRO 1

El formulario "Registro del curso" de la página 142 puede suponer un reto para algunos. Se recomiendan los siguientes puntos antes de pasar al siguiente libro. Los libros se basan unos en otros. Asegúrese de completar cada libro antes de pasar al siguiente .

- Termina las ocho lecciones.

- Memorizar seis pasajes de las Escrituras.

- Registre cuatro o más Tiempos de Silencio a la semana.

NOTA ESPECIAL: La memorización puede ser un reto para algunos. Tener los versículos memorizados palabra perfecta no es un requisito previo para terminar el curso. Su mejor esfuerzo es suficiente.

¡Quiero a Jesús!

UN SENCILLO PLAN DE SALVACIÓN

- *Usted puede encontrar a alguien que quiere estar en su grupo y que todavía no es cristiano ¡Alabado sea el Señor! Esta es una preciosa oportunidad para guiarlos gentilmente hacia una hermosa relación íntima con el Señor.*

- *No presiones . No terminaron en tu camino por accidente. Hay una razón por la que aún no han dado el salto, así que ámalos bien mientras abren camino a través de "Intimidad con Jesús".*

- *Orar por ellos. Oren para que se presenten cada semana y que estén haciendo el trabajo. Si siguen viniendo, sabrás que el Espíritu Santo se estárevelando a ellos.*

- *No tengas miedo de hablar con ellos de vez en cuando para ver cómo les va y si tienen alguna pregunta sobre cómo salvarse. La mayor manera de tener un impacto en un no creyente es viviendo tu amor por Jesús delante de ellos.*

- *Los movimientos de Dios vuelan sobre las alas de los testimonios. Sea sensible al Espíritu, y honesto con tus propias luchas, a la vez que les dejas ver de dónde viene tu esperanza.*

- *Si vienen a ti y quieren orar para recibir el Espíritu de Dios en su corazón, aquí hay algunos versículos para revisar, así como un ejemplo de oración para guiarlos. Usted no puede estropear esto - ¡simplemente deje que el Espíritu lo guíe!*

TODOS SOMOS PECADORES

"Por cuanto todos pecaron, y están destituidos de la gloria de Dios" (Romanos 3:23).

LA PAGA DEL PECADO ES MUERTE.

"Porque la paga del pecado es muerte, pero la dádiva de Dios es vida eterna en Cristo Jesús, Señor nuestro" (Romanos 6:23).

EL AMOR DE DIOS POR NOSOTROS.

"Porque tanto amó Dios al mundo que le dio a su Hijo unigénito, para que todo el que crea en Él no perezca, sino que tenga vida eterna" (Juan 3:16 NVI).

DEBEMOS RECIBIR SU DON GRATUITO DE LA SALVACIÓN!

"Si declaras con tu boca: Jesús es el Señor, y crees en tu corazón que Dios lo resucitó de entre los muertos, serás salvo. Porque con el corazón se cree y se justifica, y con la boca se profesa la fe y se salva" (Romanos 10:9-10 NVI).

"Porque todo el que invoque el nombre del Señor se salvará" (Romanos 10:13 NVI).

EJEMPLO: ORACIÓN DE SALVACIÓN

Padre,

Sé que he eallado la marca que soy un pecador. Creo que Jesús es Tu Hijo y que nació de una virgen. Creo que murió en la cruz y derramó Su sangre para pagar por mi libertad espiritual. Creo que fue sepultado y resucitó de la tumba. Te pido Señor Jesús que vengas a mi corazón y me hagas nuevo. Cambia mi corazón y mi vida Señor, ¡quiero conocerte! Gracias Jesús por el perdón de mis pecados, tu regalo de Salvación y vida eterna, ¡por tu gracia y misericordia! Amén.

Preparar un Espacio Para El

___

PUNTO CLAVE

Debes dedicar tiempo a una nueva relación en tu vida.

¿POR QUÉ ESTO IMPORTA?

Es más probable que fracases en llevar tu relación con Dios al siguiente nivel si no apartas un tiempo útil para hacer crecer tu relación con Él.

CÓMO APLICARLO

Planifica tu Tiempo de Silencio con antelación eliminando las cosas que te hacen perder el tiempo.

LECCIÓN 1

Preparar un Espacio Para Él

PUNTO CLAVE

Debes dedicar tiempo a una nueva relación en tu vida.

POR QUÉ ES IMPORTANTE

Es más probable que fracases en llevar tu relación con Dios al siguiente nivel si no apartas tiempo a propósito para hacer crecer tu relación con Él.

CÓMO APLICARLO

Planifica tu Tiempo de Silencio con antelación eliminando las cosas que te hacen perder el tiempo..

Notas del Líder

- ORA por tu grupo y pídele a Dios que despeje los obstáculos para los Tiempos de Silencio de los miembros del grupo. Pídele a Dios que se acerque a los miembros del grupo mientras ellos se acercan a Él y que los corazones y las vidas cambien para la gloria de Dios.

- Si un miembro del grupo tiene que faltar, lo que hace que el grupo se quede más de dos semanas en una lección, busque un momento para reunirse con él a solas o por teléfono para que el grupo pueda seguir avanzando.

- Mantente fiel a la enseñanza de la Palabra, ¡dejando que el Espíritu Santo haga el trabajo duro!

- En las páginas 13-15 encontrará un formulario de "Evaluación Espiritual" para su grupo. Este cuestionario está diseñado para que usted haga algunas de las preguntas difíciles a los miembros del grupo. Sólo porque una persona haya encontrado su camino en su grupo, no significa que ya sean creyentes, especialmente los que proceden de otras religiones. Este formulario es fundamental para ayudarle a usted como líder a entender dónde se encuentra espiritualmente cada persona. Repaso la sección "Quiero a Jesús" al principio del libro para ver los versículos de apoyo para la salvación.

- En la ocasión en que alguien venga a Cristo durante su grupo, ¡deje lo que estás haciendo y CELEBRE! Esta es la decisión más importante de sus vidas, ¡y debe ser celebrada como tal! Algunas ideas para la celebración pueden incluir pasar tiempo extra en adoración y oración-orando una bendición sobre ella, permitiendo que cualquiera en el grupo que lo desee se una a la oración. Puedes organizar una cena en honor de su decisión, o traer un pastel de cumpleaños "renacida" a la próxima reunión.

Navegando el Tiempo del Grupo

- Comienza la reunión en oración, cometiendo tu grupo y este tiempo al Señor.

- Reparte los libros y deja al grupo un momento para examinarlos, si aún no tienen los suyos.

- Haga que las mujeres se presenten y que cada una de ellas dedique 1-2 minutos a hablar.

- Lean juntos "Pautas para un grupo con éxito" en la página xii. Recorre la sala y pide a cada persona que lea un punto.

- Lee la Lección 1: "Preparar un Espacio para El". Dondequiera que haya una burbuja de discusión 🔾, deténgase y discuta la pregunta. Estas preguntas están diseñadas para construir la armadura espiritual de cada persona mientras buscan a Dios por las respuestas y aprenden unos de otros

- Lea y firme "Mi Compromiso" en la página 16.

- Lee las secciones: "Antes de salir de la la reunión" y "Antes de tu próxima reunión".

- Anote los datos de contacto de cada persona en la Hoja de datos de contacto del grupo.

- El responsable del grupo debe establecer un medio de comunicación con el grupo..

- Si aún no lo ha hecho, elija una hora y un lugar para reunirse.

- Recuérdeles a todos que firmen el registro del curso del otro en la parte posterior del libro.

LECCIÓN 1

Preparar un Espacio para El

PUNTO CLAVE

Debes dedicar tiempo a una nueva relación en tu vida.

POR QUÉ ES IMPORTANTE

Es más probable que fracases en llevar tu relación con Dios al siguiente nivel si no apartas tiempo a propósito para hacer crecer tu relación con Él.

CÓMO APLICARLO

Planifica tu Tiempo de Silencio con antelación eliminando las cosas que te hacen perder el tiempo.

Notas del Participante

- Empieza a rezar por tus compañeros de grupo, pidiendo a Dios que limpie obstáculos para los Tiempos de Silencio. Pídanle a Dios que se acerque a todos ustedes mientras ustedes se acercan a Él y que los corazones y las vidas cambien para la gloria de Dios.

- Antes de su proxima reunion, complete la Lección 2. Asegúrese de responder a las preguntas marcadas con una burbuja de discusion ⌬ y prepárate para compartir tus respuestas. Es importante que recuerdes que no hay respuestas erróneas a las preguntas a lo largo de las lecciones porque son tus pensamientos

- Resista la tentación de sentirse abrumado en ese momento compromiso de este curso. No hay NADA más importante que tu relación con Jesús: ¡Él vale lo que cuesta!

- Lea el "Plan Para el Éxito" y complete la "Evaluación Espiritual".

- Rellena el "Formulario de Evaluación Espiritual" de las páginas 13-15.

- Lee y firma "Mi Compromiso" en la página 16.

- La adoración se añadirá a los primeros 15-20 minutos del tiempo de grupo. Considere enviar a su líder de grupo una o dos de sus canciones de adoración favoritas para que ella las toque durante la porción de adoración de su próxima reunión. Este tiempo se proporciona para que te presentes plenamente al Señor antes de comenzar la lección, ¡especialmente si has tenido un día ajetreado! No hay una manera incorrecta de adorar a Jesús, ya sea sentado en silencio, acostado en el suelo, arrodíllate o levanta los brazos. Este es un lugar seguro para dar gracias por todo lo que Él ha hecho por ti.

Bienvenido a Cultivando la Belleza Santa, Libro 1, "Intimidad con Jesús". Prepárate para embarcarte en un emocionante viaje que transformará tu vida prepárate para guiar a otros hacia la misma libertad. Sólo hay un camino para recibir la verdadera libertad, ¡y eso es a través de la intimidad con Jesús!

Haciendo tiempo para una nueva relación amorosa en tu vida requiere determinación, búsqueda y sacrificio. Preparar un espacio para tu Padre Celestial no será. diferente, ¡pero vale tanto la pena! Me encantaría decir que esto será fácil, que cuanto más te acerques a Jesús, más fácil será la vida. Pero eso no es cierto. Desafortunadamente, hay un enemigo que quiere mantenerte donde estás. Si te apegas a la Guía del Líder y te comprometes con el trabajo, donde estás ahora, está lejos de ser donde estarás al final de este curso.

Este curso está diseñado para guiarte suavemente en tu identidad en Cristo, así como equiparte para sentar las bases de Jesús en otros como un hacedor de discípulos. A medida que nos adentramos en el corazón de Dios, aprenderás a amarle con todo tu corazón, alma y mente, así como a enseñar a otros a hacer lo mismo (ver Mateo 22:36-38).

Ser discípulo de Jesús significa que valoras los deseos y planes de Dios por encima de tus propios deseos humanos. Significa que has permitido que Jesús sea tu líder, que conformas tus caminos y tus palabras a los caminos y palabras de Jesús. Todo esto y mucho más es completamente posible cuando comienzas a buscar una relación íntima con el SEÑOR. Entre el diseño que Dios le ha dado descubriendo ¡intimidad con Cristo! ¡Todo comienza aquí!

En Marcos 14, Jesús envía a dos de sus discípulos a la ciudad para preguntar a un hombre dónde está su habitación de invitados. Lo pregunta con tanta audacia que parece que Jesús sabía que ya era el dueño de esta gran habitación superior que estaba completamente amueblada y preparada. Tal vez el hombre había escuchado la enseñanza de Jesús: "Nadie puede ser mi discípulo si no renuncia a todas sus posesiones" (Lucas 14:33). Tal vez esto impulsó al hombre a orar y dedicar su hogar a la obra del Señor, o Jesús sabía que tenía una habitación en la casa de este hombre. Cualquiera que sea el caso, debemos proponernos hacer lo mismo en nuestros corazones, preparar una espacio para Él.

Tómate un momento e imagina que Jesús te hace esta petición. "¿Dónde está Mi habitación de invitados? ¿Me das las llaves de tu corazón?"

Fuiste creado para las relaciones, pero la relación más importante que tendrás es con Jesús. Sin embargo, en ocasion es la que más se descuida. Fuiste diseñado para tener comunión con tu Padre Celestial. Al elegir tiempo para Dios, estás dando el primer paso para descubrir el diseño que Dios te dio, ¡aprendiendo a amar a Dios con todo tu corazón, alma y mente!

> MAESTRO, ¿CUAL ES EL MANDAMIENTO MÁS
> GRANDE DE LA LEY? JESÚS RESPONDIÓ: AMA AL SEÑOR
> TU DIOS CON TODO TU CORAZÓN Y CON TODA TU ALMA
> Y CON TODA TU MENTE. ESTE ES EL PRIMER Y MAYOR
> MANDAMIENTO.
> —MATEO 22:36-38 NVI

La hoja de trabajo del Tiempo de Silencio que se presenta en la siguiente lección será la herramienta utilizada para cultivar tu relación de amor con Dios. Estás llegando a conocer a Jesús a través de Su Palabra, observando cómo respondía y trataba a los que le rodeaban a él. Meditar en las preguntas clave te ayudará a construir la confianza en Dios aprendiendo de Su carácter.

Recuerdo haber oído historias increíbles sobre cómo enamorarse del Dios del universículo, pero nunca oí a nadie mencionar cómo hacerlo. Cuando me entregaron la llave que cambió mi vida espiritual, experimenté por primera vez la verdadera libertad. Se desbordó en todas las áreas de mi vida. Había sido "salvado" durante más de una década, pero considerarse salvado y tener una profunda relación de amor con Dios no es lo mismo. Antes de empezar a aprender a tener una relación de amor más profunda con Dios, *debemos preparar espacio para esta nueva relación en nuestras apretadas agendas.* Para lograr los resultados deseados, queremos seguir la receta correcta. Eso significa asegurarnos de que tenemos todo lo necesario antes de empezar.

Muchas cosas en el mundo reclaman libertad y felicidad. Nos quedamos atrapados en la carrera de la rata, pensando que, si pudiéramos perder ese número clave de libras, podríamos ser felices; o si sólo tuviéramos más dinero, entonces podríamos ser felices. Inserte lo que quiera en esa frase, pero si no dice aprender a enamorarse de Jesús, nunca encontrarás la verdadera felicidad. Me oirás decir esto muchas veces a lo largo de este curso: Solo hay un camino hacia la paz verdadera y duradera en tu vida y es a través de la intimidad con tu Padre Celestial.

Me estaba ahogando en los detalles de mi propia vida cuando Dios extendió su mano para rescatarme. Por fuera, probablemente parecía que lo tenía todo: Un marido que Me amaba, tenía dos hijos sanos, una hermosa casa con algo de tierra, una buena familia en la iglesia y había iniciado dos negocios exitosos. Sin embargo, no importaba lo que parecía lograr o hacer por mí mismo, había un vacío creciente dentro de mí. Pensando que podía dejar atrás el vacío y contener la oscuridad, me presioné a mí misma para hacer más y ser más. En lugar de reservar tiempo en mi agenda para escuchar a Dios, la liene de cosas que hacer.

En todo mi ajetreo, estaba buscando algo que no podía encontrar, porque no sabía cómo amar a Dios, pasar tiempo con Él, o escuchar Su voz. Cuando aprendí a hacerlo, mi vida cambió por completo. Encontré un profundo río de paz y abundante amor viviendo dentro de mí. Aprendí que no necesitaba todas las cosas que pensaba que la vida requería para ser feliz. Descubrí que pasar una hora descargando mis frustraciones en la cinta de correr no me convertía en mejor esposa y madre— Pasar tiempo a solas con Dios me hizo mejor esposa y madre. Descubrí que las últimas tendencias en ropa, compararme con los demás o mis logros empresariales no me daban valor como persona. Más bien, pasar tiempo a solas con Dios me permitió ver y sentir lo mucho que Él me valoraba. Sus sentimientos hacia mí eran impactantes, y yo no tenía que hacer nada para ganarme un lugar en Su corazón; sólo tenía que permitirle que me mostrara que ya estaba allí: yo, sí yo, estoy en el corazón de DIOS, ¡y tú también!

Pasar tiempo a solas con Dios no tiene por qué convertirse en algo que intentaste y fracasaste. Tanto si eres esposa, madre, hija, hermana, amiga, compañera de trabajo o todo lo anterior, este curso está diseñado para ayudarle a desarrollar habilidades para acercarse a Jesús cada día. Si no nos esforzamos seriamente por dedicar un tiempo a buscar a Dios, nos exponemos al fracaso.

A veces nos aferramos a cosas insanas cuando en realidad deberíamos dejarlas ir, simplemente porque es todo lo que hemos conocido. ¿Qué está desordenando en el espacio interiores de su corazón, causando que la obra del SEÑOR sea anulada en su vida? Haga una lista de por lo menos tres cosas.

En este libro, iniciará el viaje hacia el "Primer y más grande Mandamiento": aprender a amar al Señor tu Dios con todo tu corazón, alma y mente (ver Mateo 22:36-38), adquiriendo las habilidades de cómo tener un Tiempo de Silencio significativo. Empezarás a cultivar tu belleza interior aprendiendo a meditar en la Palabra de Dios y descubrir el poder de memorizar las Escrituras, así como la importancia de transmitir estas verdades a los demás (ver Mateo 28:18-20). En cada lección se incluyen actividades que le ayudarán no sólo a tener éxito, sino también a disfrutar del camino hacia Dios.

El libro 2, "Dejar que el Sanador sane", le llevará a una libertad verdadera y duradera basada en Isaías 61, que sólo puede obtenerse a través de la intimidad con Jesús. A medida que tu confianza en Jesús crece, comenzarás a permitirle entrar en los momentos más íntimos y personales de tu vida. A medida que aprendas a renunciar a las cosas dolorosas que viven en tu pasado, experimentarás a Jesús en un nivel completamente nuevo al participar de Su redención y libertad. En el Libro 3, "Caminando en lo Nuevo", u s t e d aprenderá cómo permitir que Dios reescriba toda una vida de viejos hábitos con otros nuevos a medida que comienza a caminar en Su plan para su vida.

No fuiste diseñado para navegar por esta vida por tu cuenta. El mismo Dios que separó el día de la noche, es el mismo que te creó. Él te está esperando. Quiere derramar Su amor en tu vida si le preparas un lugar en tu corazón..

¿Cuál crees que es el mayor reto al que se enfrentará al iniciar esta nueva andadura?

¿Por qué crees que la vida no cambia para la mayoría de las personas que piden a Dios en sus corazones?

¿Crees en la afirmación: "Para desarrollar una relación de amor con Dios debemos pasar tiempo con Él"? ¿Por qué sí o por qué no?

¡Levántate!

En muchos lugares de las Escrituras se habla de levantarse temprano para buscar al Señor. Parece que hay algo significativo en buscar a Dios por la mañana. Cuando encuestamos a hombres y mujeres que tenían un Tiempo de Silencio consistente, la mañana resultó ser el momento más consistente y fructífero del día. Disponer de tiempo sin distracciones para poder centrarse plenamente en Dios es primordial.

Mientras que las mañanas pueden no funcionar para todos, hemos encontrado que especialmente para las mujeres, levantarse para encontrarse con Dios antes de que la casa despierte es el momento más efectivo del día para un Tiempo de Silencio. Muchas mujeres experimentaban la sensación de "perseguir su Tiempo de Silencio durante todo el día" si no lo hacían a primera hora, permitiendo que el enemigo se deshiciera de ellas. Un montón extra de culpa sobre ellos cuando un día se convirtió en una semana de no sentarse a pasar tiempo con Dios. Tenga cuidado de no dejar que una "cosa buena" tome el lugar de la "Gran Cosa", la intimidad con Jesús. Mientras que los libros, los juegos y las redes sociales pueden ser buenos para aliviar el estrés, también pueden mantener tu mente ocupada, estimulada y enfocada en pasar el tiempo en lugar de invertir tiempo, algo que nunca recuperarás. Dios quiere traerte paz y descanso a través de encuentros con Él que te alinearán con Su corazón.

Un Plan Para el Éxito

1. Su primera tarea es pensar en su día y cuándo sería mejor reservar de 15 a 30 minutos para su Tiempo de Silencio. Esta ventana de tiempo es específicamente para usted y Dios, no para trabajar en la lección. Necesitará dedicar aproximadamente 3-4 horas a la semana para su Tiempo de Silencio y para completar la elección.

2. En su grupo, tómense 10-15 minutos para elegir la mejor hora para su tiempo de silencio y anótalo. Puede que tengas que ajustarlo más adelante, pero es bueno empezar con un plan.

    Círculo Uno: Mañana   Tarde   Noche

    Hora ___:___   Duración del Tiempo asignado _____

3. El curso requiere que completes al menos cuatro Tiempos de Silencio por semana, con la esperanza de que esto se convierta en un Tiempo de Silencio diario a medida que tu relación con el Señor se profundice.

4. Programa una alarma en tu teléfono para la hora del día que has reservado para tu Tiempo de Silencio. Descubrirá que cuanto más tiempo pase con Dios, más tiempo deseará pasar con Él. Si sólo dispone de 15-30 minutos de tiempo asignado porque tiene que ir a trabajar o llevar a los niños al colegio, programe también una alarma para su tiempo de parada. Es fácil perder la noción del tiempo cuando se está con Dios. Hazlo ahora.

5. Forma un texto grupal para tu grupo Cultivando la Belleza Santa. Esta será una herramienta vital para ayudarse mutuamente con aliento, peticiones de oración y compartiendo el pasaje del Tiempo de Silencio (Eclesiastés 4:9-10).

6. Leer el compromiso y discutir en grupo lo que significa firmar "Mi compromiso" en la página 16.

Evaluación Espiritual para el Libro 1

Responda a las siguientes preguntas con el mayor detalle posible. No tiene que compartir las respuestas con nadie, pero las comparará con otras respuestas más adelante en el curso, así que sea transparente.

🗨 ¿Has pedido alguna vez a Dios que te salve y te perdone de tus pecados? Si no es así, ¿te gustaría hacerlo?

No necesitas que nadie más te "ayude" con la oración de abajo, sin embargo, esta ¡es un momento increíble! No te avergüences ni seas tímido si te das cuenta de que nunca has profesado tu fe a Jesús. Piensa. Puedes repetir la siguiente oración ahora mismo, en la seguridad de tu grupo. No seas tímido a la hora de compartir este momento especial con los que te rodean. Los miembros de tu grupo serán bendecidos sin medida, ¡y sin duda habrá una celebración!

Padre, sé que he fallado la marca y que soy un pecador. Creo que Jesús es Tu Hijo y que nació de una virgen. Creo que murió en la cruz y derramó Su sangre para pagar por mi libertad espiritual. Creo que fue sepultado y resucitó de la tumba. Te pido, Señor Jesús, que vengas a mi corazón y me hagas nuevo. Cambia mi corazón y mi vida Señor, ¡quiero conocerte! Gracias, Jesús, por el perdón de mis pecados, tu regalo de Salvación y vida eterna, por tu gracia y tu amor. ¡Misericordia! Amén

🗨 ¿Por qué decidió comensar este nuevo camino de Cultivando la Belleza Santa?

¿Qué esperas obtener a través de una relación más profunda con Jesús? Enumera al menos tres cosas.

¿Estás satisfecho al ser como eres? Explica tu respuesta.

¿Cómo describirías tu vida espiritual en este momento? ¿La considerarías estancada, promedio, aprendiendo y creciendo diariamente u otra respuesta?

¿Qué es lo que desea en su vida?

💬 ¿Te enfrentas ahora mismo a una batalla de cualquier envergadura? Si es así, descríbela a continuación. ¿Cómo la estás afrontando?

💬 ¿Cuánto poder tienen sobre ti las circunstancias diario?

💬 ¿En qué áreas de tu vida es más fácil demostrar autocontrol? ¿En qué áreas es más difícil?

💬 ¿Qué significan para usted las palabras "Santa Belleza"?

Mi Compromiso

Para llegar a ser la mujer que Dios quiere que sea, me comprometo a lo siguiente:

1. Daré prioridad a la asistencia semanal a las reuniones.

2. Completaré la tarea de la semana y estaré dispuesto a compartir mis ideas con el grupo.

3. Mantendré en secreto cualquier asunto personal que se comparta en el grupo.

4. Animaré a mis hermanas a ser valientes, a hacer el trabajo y a convertirse en las mujeres que Dios quiere que sean.

5. Estoy reservando tiempo por la mañana / tarde / noche para cultivar mi relación con Dios. (Marque con un círculo)

Firmada _____

Fecha _____

Antes de Abandonar la Reunión

1. Intercambie información de contacto antes de partir. Utilice la Hoja de contacto del grupo de la página 141.

2. Programa una alarma en tu teléfono para tu Tiempo de Silencio.

3. Configura el texto del grupo.

4. Elige un lugar y una hora para reunirte. Asegúrate de contar con guardería. Es posible que desea hablar con los líderes de su iglesia acerca de la organización de cuidado de niños para su grupo, mientras que usted está teniendo su tiempo de grupo.

5. Firme el compromiso.

Antes de Su Próxima Reunión.

1. Antes de reunirse la próxima semana, complete la Lección 2.

2. Después de practicar la destreza de cómo tener un Tiempo de Silencio, utilice los versículos de Tiempo de Silencio proporcionados en las páginas 20 y 22 para Tiempos de Silencio adicionales antes de la reunión de la próxima semana.

3. Prepárate para compartir tu primer Tiempo de Silencio de la página 30.

Notas

Jesús es la Clave

PUNTO CLAVE

¡Debes conocer a Dios tan bien que confíes en Su carácter y creas en Sus promesas!

POR QUÉ ES IMPORTANTE

Cuanto más crezcas en tu amor por Dios, más te volverás a Él, confiándole tus batallas.

CÓMO APLICARLO

Usted crece espiritualmente cuando elige pasar tiempo diario con Dios en Su Palabra, haciéndole buenas preguntas sobre versículos claves, y permitiendo que Su Espíritu revele la verdad a su corazón.

LECCIÓN 2

Jesús es la Clave

VERSÍCULOS PARA EL TIEMPO DE SILENCIO

Romanos 8:31-39; Efesios 2:1-10; Lucas 10:25-28; Hebreos 4:12-13

IInstrucciones especiales para la Lección 2: Los versículos proporcionados arriba son para Tiempos de Silencio adicionales después de haber completado esta lección. Para asegurarse de que está utilizando el versículo en el contexto correcto, asegúrese de leer varios versículos antes y después del pasaje o pasajes sugeridos para el tiempo de silencio.

PUNTO CLAVE

¡Debes conocer a Dios tan bien que confíes en Su carácter y creas en Sus promesas!

POR QUÉ ES IMPORTANTE

Cuanto más crezcas en tu amor por Dios, más te volverás a Él, confiándole tus batallas..

CÓMO APLICARLO

Usted crece espiritualmente cuando elige pasar tiempo diario con Dios en Su Palabra, haciéndole buenas preguntas sobre versículos claves, y permitiendo que Su Espíritu revele la verdad a su corazón.

Notas del Líder

- El propósito principal de Cultivando la Belleza Santa es asegurar que las mujeres tengan confianza en cómo caminar profundamente con el Señor. Tómese el tiempo para escuchar a las mujeres y cualquier lucha o confusión que puedan estar experimentando con respecto a los Tiempos de Silencio.

- Recuerda al grupo que no hay una manera incorrecta de tener un Tiempo de Silencio si estás buscando el corazón de Dios.

- ORA por tu grupo y pídele a Dios que fortalezca a los miembros del grupo para que pasen tiempo con Él diariamente en Su Palabra, permitiendo que Su Espíritu revele la Verdad a sus corazones.

- Mantente fiel a la enseñanza de la Palabra, ¡dejando que el Espíritu Santo haga el trabajo duro!

- Lea detenidamente "Cómo tener un tiempo de silencio", página 26, y "Cómo compartir su tiempo de silencio con el grupo", página 31, en la reunión.

Navegar Por el Tiempo en Grupo

- Dedica entre 15 y 20 minutos al culto.

- Cuando el tiempo de adoración llega a su fin, el líder debe iniciar el métodoWAR de oración.

- Tómate un momento para preguntar cómo les ha ido a todos en su primer Tiempo de Silencio.

- NUEVA ACTIVIDAD DEL LÍDER: Usando Mateo 28:18-20, como un paseo en grupo Repasa y realiza cada uno de los pasos de "Cómo tener un Tiempo de Silencio" en la página 26. Comparte las respuestas a cada elemento de la hoja de trabajo Tiempo de silencio, dando tiempo a los miembros del grupo para que hagan cualquier pregunta que puedan tener.

- Lee "Cómo compartir tu tiempo de silencio con el grupo" en la página 31.

- Pida a cada persona que comparta de la Tarea para el Tiempo de Silencio en Colosenses 3 página 27.

- Lea las secciones: "Repaso" y "Antes de la próxima reunión".

- Recuerda a todos que deben firmar el registro del curso de cada uno en la parte posterior del libro.

- Pida a los miembros del grupo que compartan su "Conclusión principal" de la sección de repaso al final de la Lección 2.

LECCIÓN 2

Jesús es la Clave

VERSÍCULOS PARA EL TIEMPO DE SILENCIO

Romanos 8:31-39; Efesios 2:1-10; Mateo 22:34-38; Hebreos 4:12-13

Instrucciones especiales para la Lección 2: Los versículos proporcionados arriba son para Tiempos de Silencio adicionales después de haber completado esta lección. Para asegurarse de que está utilizando el versículo en el contexto correcto, asegúrese de leer varios versículos antes y después del pasaje o pasajes sugeridos para el tiempo de silencio

PUNTO CLAVE

¡Debes conocer a Dios tan bien que confíes en Su carácter y creas en Sus promesas!

POR QUÉ ES IMPORTANTE

Cuanto más crezcas en tu amor por Dios, más te volverás a Él, confiando en Él con tus batallas.

CÓMO APLICARLO

Usted crece espiritualmente cuando escoge pasar tiempo diario con Dios en Su Palabra, haciéndole buenas preguntas sobre versículos claves, y permitiendo que Su Espíritu revele la verdad a su corazón.

Notas Del Participante

- Esta semana, mientras trabajas en la lección, ORA por tus compañeros de grupo. miembros, pidiendo a Dios que despeje los obstáculos para los Tiempos de Silencio. Pidan a Dios que se acerque a todos ustedes mientras ustedes se acercan a Él y que los corazones y las vidas cambien para la gloria de Dios.

- Espera que la guerra espiritual aumente a medida que comienzas a proponerte pasar tiempo a solas con Jesús. Si te sientes abrumado o ansioso, ¡pide apoyo al grupo! ¡No eres una carga para tu grupo! Recibe el mismo apoyo de ellos que tu gustosamente les darías a ellos.

- • Completa esta lección antes de tu próxima reunión. Asegúrese de responder a las preguntas marcadas con una burbuja de discusion y prepárate para compartir tus respuestas. Es importante recordar que no hay respuestas erróneas a las preguntas a lo largo de las lecciones porque son tus pensamientos, así que sé libre a la hora de responder.

- Resista la tentación de sentirse abrumado por el tiempo invertido en este compromiso de este camino. No hay NADA más importante que tu relación con Jesús: ¡Él vale lo que cuesta!

- No hay forma incorrecta de pasar tiempo con Dios, siempre y cuando te pongas a su disposición. ¡Disfruta del viaje!

- Considere la posibilidad de enviar a su líder de grupo una o dos de sus canciones favoritas para que las toque durante la parte de adoración de su próxima reunión. Este tiempo se proporciona para que usted se presente plenamente al Señor antes de comenzar la lección, ¡especialmente si ha tenido un día ajetreado! No hay una forma incorrecta de adorar a Jesús, ya sea sentado en silencio o tumbado en el suelo, baila, arrodíllate o levanta los brazos. Tu grupo es un lugar seguro para dar gracias por todo lo que Él ha hecho por ti, ¡sea como sea!

Jesús es la Clave

AL OÍR QUE JESÚS HABÍA HECHO CALLAR A LOS SADUCEOS,
SE REUNIERON LOS FARISEOS. UNO DE ELLOS, EXPERTO EN
LA LEY, LE PUSO A PRUEBA CON ESTA PREGUNTA MAESTRO,
¿CUÁL ES EL MAYOR MANDAMIENTO DE LA LEY? JESÚS LE
RESPONDIO: AMA AL SEÑOR TU DIOS CON TODA TU ALMA.
TU CORAZÓN Y CON TODA TU ALMA Y CON TODA TU MENTE.
ESTE ES EL PRIMER Y MÁS GRANDE MANDAMIENTO.
—MATEO 22:34-38 NVI

Whitney se crió en la iglesia toda su vida y siempre participó de joven las actividades que se ofrecían. Cuando sus padres sintieron que la iglesia ya no satisfacía sus necesidades, trasladaron a la familia a una nueva iglesia. Whitney luchó en su adolescencia, conociendo las reglas de Dios, pero sin que nunca le explicaran las razones que había detrás de ellas. Siempre oía Dios la amaba, pero era muy difícil sentir ese amor bajo la presión de siempre presentarse que todo estaba bien por afuera no importando lo que estuvieramos pasando por dentro los domingos en las cada de Dios. De adulta, cargó con la vergüenza de haber perdido la virginidad en el instituto y de las salvajes noches universitarias que siguieron y estaba segura de la decepción de Dios con ella.

Una vez casados, Whitney y su marido estaban contentos con su iglesia. Ambos se sentían cómodos y valoraban el programa juvenil para sus hijos. El ministerio de mujeres era muy activo en la planificación de eventos divertidos para el compañerismo e incluso celebraba una refrescante escapada de mujeres dos veces al año. Whitney también asistía una vez al año, asiste con su hermana a una conferencia de mujeres cristianas para volver a centrarse en Dios.

Sin embargo, Whitney empezaba a darse cuenta de que estas actividades nunca la llenaban como ella esperaba. Los eventos eran divertidos, pero emocionalmente, acababa sintiéndose vacía. A los pocos días, parecía que volvía a sentirse estresada y a ser brusca con sus hijos. Al sentirse abrumada por las muchas tareas que tenía entre manos, le salían palabras afiladas a su marido por la más mínima irritación antes de que pudiera evitarlo. A menudo se preguntaba: "¿Qué me pasa?" Whitney asistía cada evento que la iglesia realizaba, leía su Biblia con frecuencia y oraba por la gente, entonces, ¿por qué se sentía continuamente como un fracaso? Whitney apenas sobrevivía y ¡Sabía que tenía que haber más en la vida cristiana que esto!

Un día Whitney me llamó para expresarme sus frustraciones con la vida. Cuando le pregunté sobre su camino con Dios, empezó a enumerar todas las actividades cristianas que estaba llevando a cabo y en las que participaba. Expliqué que las actividades en la iglesia y una relación íntima con Dios no son lo mismo. El deseo de servir y confraternizar debe provenir del desbordamiento de tu caminar con Dios. Comenzamos el viaje de aprender cómo enamorarse de Dios buscándolo diariamente. Al aprender las habilidades de un Tiempo de Silencio, Whitney comenzó a tener encuentros diarios con el Dios del universículo.

Ella bebía de Su pozo cada mañana y empezó a aprender lo que realmente se sentía al ser amada por Dios. Ahora vertía en su familia de una vasija llena por Dios, mientras que antes, vertía lo que quedaba en el fondo de una copa vacía. Whitney me envió un correo electrónico semanas después con este mensaje en letras de negrita: "¿Por qué no me enteré de esto hace veinte años?! ¿Y cómo puedo aprender a transmitir esto a mis amigas?"

Tristemente, llenamos nuestros calendarios con actividades cristianas, ignorando el Primer y Más Grande Mandamiento: Amar a Dios con todo nuestro corazón, alma y mente. Inevitablemente, cuando la Iglesia no satisface nuestras necesidades espirituales y emocionales, salimos en busca de otra mejor. Desarrollar una relación íntima con Dios hace que nuestros corazones se alineen con el Padre. A través de la fuerza de Dios, empezamos a prosperar en nuestros matrimonios, hogares, lugares de trabajo e iglesias, en lugar de luchar por mantener la cabeza por encima de las olas.

En esta lección, comenzarás el proceso de aprender cómo vivir el Primer y Más Grande Mandamiento: Cómo enamorarte del Dios que estuvo allí en tu pasado, que está aquí contigo ahora, y que está delante de ti mañana. ¡Estás sentando las bases para aprender las muchas características de tu Padre Celestial!

En la lección anterior, usted aprendió acerca de preparar espacio para Dios en su vida. Ahora es el momento de descubrir la primera habilidad necesaria para construir el puente hacia la libertad a través de la lectura de la Palabra de Dios.

Cómo Tener un Tiempo de Silencio

1. Comienza pidiendo a Dios que abra los ojos de tu corazón a lo que Él quiere enseñarte en tu Tiempo de Silencio.

2. Los pasajes para los Tiempos de Silencio diarios se enumeran al principio de cada página. lección en la Guía del Líder bajo "Versículos para el Tiempo de Silencio". Siéntase libre de leer más versículos alrededor del pasaje seleccionado para comprender mejor la contexto de lo que estás leyendo. Utiliza tu versión favorita de la Biblia para tu tiempo de silencio.

3. Selecciona tu(s) VERSÍCULO(S) FAVORITO(S) del pasaje que has leído. *NOTA ESPECIAL: Los pasos 4-8 se explicarán con más detalle en la Lección 3, sin embargo, comience a familiarizarse con el resto de la hoja de trabajo Tiempo de Silencio.*

4. Para las palabras DESTACADAS, subraya cualquier palabra de tu texto. VERSÍCULO FAVORITO que quizá no entiendas del todo. Utilizando un diccionario, léxico, concordancia bíblica y/o tesauro, busque la(s)

   > ## HAGA PREGUNTAS:
   > - ¿Una orden para obedecer?
   > - ¿Hay alguna promesa que reclamar?
   > - ¿Hay que evitar algún pecado?
   > - ¿Has aprendido algo nuevo sobre Dios?

   palabra(s) que usted resaltados para una comprensión más profunda.

5. Aplica las PREGUNTAS del segundo recuadro de la hoja de ejercicios Tiempo de silencio a tu VERSÍCULO FAVORITO y anota tus pensamientos. Cada vez que te encuentres con un versículo en las Escrituras que parezca destacar por encima de las demás, hágase estas preguntas para estimular su reflexión. Es posible que sólo puedas aplicar una o dos de las PREGUNTAS a algunos versículos, mientras que otras pueden contener respuestas a todos ellos.

6. Utilizando tus conclusiones de la sección ENFATIZAR las palabras y PREGUNTA, reescribe el versículo con tus propias palabras teniendo cuidado de no cambiar el significado del versículo (los ejemplos se dan en la Lección 3).

7. Aplica las preguntas CÓMO y POR QUÉ a tu VERSICULO FAVORITO de la sección APLICACIÓN y escribe tus respuestas en el espacio correspondiente.

8. Ahora, ora el versículo a Dios, hablándole de tus hallazgos y de lo que significan para ti. ¿Hay algo por lo que quieras darle las gracias? Tal vez el Espíritu Santo usó este versículo para convicto de pecado en tu vida y quieres pedirle a Dios que te perdone. Cualquiera que sea el caso, usa el espacio provisto para comunicarle a tu Padre Celestial lo que Él está imprimiendo en su corazón (ejemplo dado en la Lección 3).

LA TAREA DEL TIEMPO DE SILENCIO

Atención: Debe leer las siguientes instrucciones para completar la lección.

1. Dedica unos minutos a leer Colosenses 3:1-17 en la página 28. Con bolígrafo en mano, subraya, encierra en un círculo o resalta cualquier parte del pasaje que te parezca especialmente importante.

2. En PUNTOS CLAVE resume el punto principal del pasaje.

3. Elige uno o dos versículos de este pasaje que te parezcan especialmente importantes. Éstos son tus "VERSÍCULO(S) FAVORITO(S)".

4. Intenta responder a las PREGUNTAS que aparecen en la hoja de trabajo Tiempo de Silencio para tu VERSÍCULO FAVORITO. ¿Qué pensamientos te vienen a la mente?

5. Rotula tu(s) respuesta(s) de HAGA PREGUNTA como se muestra en el ejemplo Tiempo de Silencio de la página 29.

6. Aprenderás a completar el ENFATIZAR, REESCRIBIR, APLICACIÓN y ORACIÓN del tiempo de silencio de la Lección 3. Para esta lección, aplique los pasos 1-5 a Colosenses 3:1-17 en la página siguiente utilizando la hoja de trabajo Tiempo de Silencio en la página 30.

COLOSENSES 3:1-17 NVI

[1]Ya que, pues, has resucitado con Cristo, pon tu corazón en las cosas de arriba, donde está Cristo sentado a la diestra de Dios. [2]Poned la mira en las cosas de arriba, no en las de la tierra. [3]Porque habéis muerto, y vuestra vida está ahora escondida con Cristo en Dios. [4]Cuando Cristo, que es vuestra vida, se manifieste, entonces también vosotros os manifestaréis con él en la gloria. [5]Por tanto, haced morir todo lo que pertenece a vuestra naturaleza terrenal: la inmoralidad sexual, la impureza, la lujuria, los malos deseos y la avaricia, que es idolatría. [6]Por causa de ellos viene la ira de Dios.

[7]Ustedes solían andar en estos caminos, en la vida que una vez vivieron. [8]Pero ahora debéis libraros de todas estas cosas: ira, enojo, malicia, calumnia y palabras obscenas de vuestros labios. [9]No os mintáis unos a otros, ya que os habéis despojado del viejo yo con sus prácticas [10]y os habéis revestido del nuevo yo, que se renueva en el conocimiento a imagen de su Creador. [11]Aquí no hay griego ni judío, circuncidado ni incircunciso, bárbaro ni escita, esclavo ni libre, sino que Cristo es todo y está en todos.

[12]Por tanto, como pueblo elegido por Dios, santo y amado, revestíos de compasión, bondad, humildad, mansedumbre y paciencia. [13]Soportaos mutuamente y perdonaos los agravios que tengáis unos contra otros. Perdonad como el Señor os perdonó a vosotros. [14]Y sobre todas estas virtudes revestíos de amor, que las une a todas en perfecta unidad.

[15]Que la paz de Cristo reine en vuestros corazones, ya que, como miembros de un solo cuerpo, fuisteis llamados a la paz. Y sed agradecidos. [16]Que la Palabra de Cristo habite abundantemente en vosotros, enseñándoos y amonestándoos unos a otros con toda sabiduría, y cantando salmos, himnos y cánticos espirituales con gratitud en vuestros corazones a Dios. [17]Y todo lo que hagáis, sea de palabra o de obra, hacedlo todo en el nombre del Señor Jesús, dando gracias a Dios Padre por medio de Él.

PUNTO CLAVE:

Deseche su naturaleza terrenal y comience a enfocarse en adoptar la naturaleza de Jesús dejando que Su Palabra renueve mi corazón y mente.

VERSÍCULO FAVORITO:

Versículos 7-9: Tú andabas por estos caminos, en la vida que una vez viviste. Pero ahora debéis deshaceros de todas esas cosas como estas: ira, ira, malicia, calumnias y lenguaje soez de vuestros labios. No se mientan unos a otros, ya que se han despojado de su antiguo yo con sus prácticas.

RE ESCRIBA EL VERSÍCULO:

Con sus propias palabras y sin cambiar el significado

Con tus propias palabras y sin cambiar el significado En el pasado, antes de conocer a Jesús, caminaba en la oscuridad y el pecado. Pero ahora, ya que estoy caminando con Jesús, debo dejar de ceder a la ira, la ira, la mala voluntad hacia los demás y hacia mí mismo, decir mentiras (incluso las pequeñas), y dejar de usar un lenguaje obsceno que no glorifica a Dios y edifica a los que me rodean. a mí. Debo elegir ser honesto con los demás, aun cuando sea difícil.

APLICACION Y ORACIÓN

¿CÓMO podría cambiar este versículo tu forma de vivir? ¿POR QUÉ es importante poner en práctica esta verdad en tu caminar diario con Dios? Escribe una ORACIÓN al Señor compartiendo lo que aprendiste y lo que el versículo significa para ti.

ENFATIZAR:

Concéntrese en las distintas palabras para comprender mejor su contexto y significado.

Malicia - mala voluntad

Calumniar- decir mentiras sobre

HAGA PREGUNTAS:

HAY...

¿UNA PROMESA DE RECLAMAR?

¿UN PECADO A EVITAR?
Continuar caminando en mis viejos caminos.

¿UNA ORDEN PARA OBEDECER?
Aparta los comportamientos terrenales como la ira, la ira, la malicia, la calumnia y el lenguaje obsceno. Sé como Jesús.

¿ALGO NUEVO QUE HAYAS APRENDISTE SOBRE DIOS?

Hoja de Trabajo Para el Tiempo Silencio

PUNTO CLAVE:

VERSÍCULO FAVORITO:

RE ESCRIBA EL VERSÍCULO:

Con sus propias palabras y sin cambiar el significado

APLICACION Y ORACIÓN

¿CÓMO podría cambiar este versículo tu forma de vivir? ¿POR QUÉ es importante poner en práctica esta verdad en tu caminar diario con Dios? Escribe una ORACIÓN al Señor compartiendo lo que aprendiste y lo que el versículo significa para ti.

ENFATIZAR:

Concéntrese en las distintas palabras para comprender mejor su contexto y significado.

HAGA PREGUNTAS:

HAY...

¿UNA PROMESA DE RECLAMAR?

¿UN PECADO A EVITAR?

¿UNA ORDEN PARA OBEDECER?

¿ALGO NUEVO QUE HAYAS APRENDISTE SOBRE DIOS?

CÓMO COMPARTIR SU TIEMPO DE SILENCIO CON EL GRUPO

A veces, cuando los cristianos comparten entre sí sus pensamientos de la Biblia, sienten la tentación de predicar o explicar grandes misterios espirituales. Sin embargo, para ahorrar tiempo, compartamos nuestros Tiempos de Silencio cada semana de esta manera:

1.   Cita el pasaje que lees para que la gente pueda consultarlo y seguirte.

2.   Enuncie el tema principal de su versículo favorito.

3.   Comparte las palabras que hayas buscado, explica las HAGA PREGUNTAS que hayas marcado con un círculo y tu nueva redacción del versículo.

4.   Lea sus respuestas a las preguntas de aplicacion CÓMO y POR QUÉ.

5.   Comparte los pensamientos y cualquier "convicción" que hayas comunicado al Señor en la oración.

El grupo debe ser un lugar seguro para compartir tus Tiempos de Silencio y tus luchas sin condenas ni juicios. Lo que se dice en el grupo, se queda en el .grupo, y debe mantenerse confidencial. Pregunte siempre a los miembros del grupo antes de compartir cualquier información con su cónyuge o con cualquier otra persona.

AHORA QUE CADA PERSONA DEL GRUPO COMPARTA SU TIEMPO DE SILENCIO DE COLOSENSES 3.

 ## Repaso

1. ¡Tener un Tiempo de Silencio regular y consistente es lo mas importante que puedes hacer en tu caminar cristiano!

2. No hay forma incorrecta de pasar tiempo con Dios, siempre y cuando te pongas a su disposición. ¡Disfruta del Pasaje!

3. Se recomienda utilizar su versión favorita de la Biblia para su Tiempo de Silencio.

4. Durante las primeras semanas, el tiempo de silencio puede parecer una tarea pesada. Permanezca en ¡fiel y confía en el proceso! Cuanto más te esfuerces, más conseguirás.

 ## Principales Conclusiones

¿Qué ha aprendido de esta lección?

 ## Antes de su Proxima Leccion

1. Intenta completar cuatro Tiempos de Silencio utilizando el formato de Tiempos de Silencio. Usted puede descargar la hoja de trabajo Tiempo de silencio o adquirir un Diario de tiempo de silencio Cultivando la Belleza Santa en www.CultivatingHolyBeauty.com. Prepárate para compartir un Tiempo de Silencio con el resto del grupo. Utiliza uno o dos Tiempos de Silencio adicionales para hacer tu lección.

2. Comience a memorizar Mateo 22:36-38 a medida que avanza en la Lección 3.En la contraportada de este libro encontrará tarjetas con los versículos para memorizar. o visita www.CultivatingHolyBeauty. com para comprar el paquete de versículos Cultivando la Belleza Santa. Utilizando su traducción favorita, escriba el versículo para memorizar palabra por palabra en un lado de la tarjeta proporcione la referencia del versículo en el otro. Las tarjetas en blanco adicionales están disponibles en tu paquete de versículos si lo necesitas. Asegúrate de llevar siempre tu paquete de versículos a la reunión del grupo. Cuando llegue el momento de repasar los versículos con una pareja, entrégales tus tarjetas de versículos para que puedan seguirte.

3. En adelante, se le proporcionarán siete versículos para su Tiempo de Silencio. Trate de tener cuatro Tiempos de Silencio escritos cada semana.

4. Ven preparado con la lección 3 terminada.

Notas

Meditar Sobre la Belleza de la Verdad

PUNTO CLAVE

Meditar en la Palabra de Dios cambia tu capacidad para comprender el propósito de Dios en las Escrituras, de modo que puedas aplicar el versículo a tu vida con más acierto.

POR QUÉ ES IMPORTANTE

Desarrollar tus habilidades en la meditación mejorará enormemente tu capacidad para convertirte en una mujer de la Palabra, cultivando una vida de santa belleza.

CÓMO APLICARLO

Meditas en la Palabra haciendo buenas preguntas a la Escritura para ayudarte a entender, enfatizando diferentes palabras, reescribiendo el versículo con tus propias palabras. Estas habilidades te ayudan a aprender a aplicar a tu vida las verdades espirituales de lo que lees.

LECCIÓN 3

Meditar Sobre la Belleza de la Verdad

VERSÍCULOS PARA MEMORIZAR

Mateo 22:36-38 (Escribe tu versículo para memorizar en el espacio de abajo.)

VERSÍCULOS PARA EL TIEMPO DE SILENCIO

Mateo 22:36-38; Josué 1:1-9; Colosenses 3:15-17; Deuteronomio 11:16-28;

Santiago 1:19-25; Salmo 19:7-14; Salmo 119:97-105

Complete la Lección 3 y trate de tener de cuatro a siete Tiempos de Silencio Antes de su proxima reunion. Los versículos proporcionados arriba son para Tiempos de Silencio adicionales después de haber completado esta lección. Para asegurarse de que está utilizando el versículo en el contexto correcto, asegúrese de leer varios versículos antes y después del pasaje o pasajes sugeridos para el Tiempo de Silencio.

PUNTO CLAVE

Meditar en la Palabra de Dios cambia tu capacidad para comprender el propósito de Dios en las Escrituras, de modo que puedas aplicar el versículo a tu vida con más acierto.

POR QUÉ ES IMPORTANTE

Desarrollar tus habilidades en la meditación mejorará enormemente tu capacidad para convertirte en una mujer de la Palabra, cultivando una vida de santa belleza.

CÓMO APLICARLO

Meditas en la Palabra haciendo buenas preguntas a la Escritura para ayudarte a entender, enfatizando diferentes palabras, reescribiendo el versículo con tus propias palabras. Estas habilidades te ayudan a aprender a aplicar a tu vida las verdadesespirituales de lo que lees.

Notas del Líder

- Esta lección puede tardar dos semanas en completarse. Recuerde animar a los miembros de su grupo a ir despacio y a centrarse en el proceso y no en el resultado final. Utiliza versículos adicionales de las Escrituras de la lección como recursos adicionales para el Tiempo de Silencio, según sea necesario.

- ORA por tu grupo y pídele a Dios que abra los corazones y las mentes de los miembros de tu grupo a través del Espíritu Santo mientras meditan en Su Palabra. Aprender a escuchar la voz de Dios leyendo Su Palabra y pasando tiempo con Él es vital para crecer en Él y cultivar una vida de santa belleza que refleje a Jesús.

- Mantente fiel a la enseñanza de la Palabra, ¡dejando que el Espíritu Santo haga el trabajo duro!

- Señala dos o tres preguntas que te gustaría debatir e n grupo. Haz que cada persona comparta una respuesta.

Navegar por el Tiempo en Grupo

- Dedica entre 15 y 20 minutos en adoracion.

- Cuando el tiempo de adoración llega a su fin, el líder debe iniciar el método WAR de oración.

- Escriba un resumen rápido de la Lección 3 en el espacio siguiente. Compártalo con el grupo para comenzar la lección una vez finalizado el tiempo de oración.

- Pida a cada uno que comparta lo que ha aprendido al final de la lección. Como líder, comparte uno de tus momentos de silencio.

- Pida a cada persona que comparta un momento de silencio. Recuerda al grupo que se dirija a la Escritura citada.

- Si el tiempo lo permite, pida a cada persona que comparta una respuesta de las preguntas que el líder haya destacado (1-2 preguntas).

- Lea las secciones: "Repaso" y "Antes de la próxima reunión".

- Divídanse en parejas y reciten sus versículos. Animaos a ser precisos, ya que la Palabra es nuestra mejor arma.

- Recuerda a todos que deben firmar el registro del curso de cada uno en la parte posterior del libro.

LECCIÓN 3

Meditar Sobre la Belleza de la Verdad

VERSÍCULOS DE MEMORIA

Mateo 22:36-38 (Escribe tu versículo para memorizar en el espacio de abajo.)

VERSÍCULOS PARA EL TIEMPO DE SILENCIO

Mateo 22:36-38; Josué 1:1-9; Colosenses 3:15-17; Deuteronomio 11:16-28;

Santiago 1:19-25; Salmo 19:7-14; Salmo 119:97-105

Complete la Lección 3 y trate de tener de cuatro a siete Tiempos de Silencio Antes de su proxima reunion. Los versículos proporcionados arriba son para Tiempos de Silencio adicionales después de haber completado esta lección. Para asegurarse de que está utilizando el versículo en el contexto correcto, asegúrese de leer varios versículos antes y después del pasaje o pasajes sugeridos para el Tiempo de Silencio.

PUNTO CLAVE

Meditar en la Palabra de Dios cambia tu capacidad para comprender el propósito de Dios en las Escrituras, de modo que puedas aplicar el versículo a tu vida con más acierto.

POR QUÉ ES IMPORTANTE

Desarrollar tus habilidades en la meditación mejorará enormemente tu capacidad para convertirte en una mujer de la Palabra, cultivando una vida de santa belleza.

CÓMO APLICARLO

Meditas en la Palabra haciendo buenas preguntas a la Escritura para ayudarte a entender, enfatizando diferentes palabras, reescribiendo el versículo con tus propias palabras. Estas habilidades te ayudan a aprender a aplicar a tu vida las verdades espirituales de lo que lees.

Notas del Participante

- Meditas en la Palabra haciendo buenas preguntas a la Escritura para ayudarte a entender, enfatizando diferentes palabras, reescribiendo el versículo con tus propias palabras. Estas habilidades te ayudan a aprender a aplicar a tu vida las verdades espirituales de lo que lees. ⟨⟩ y prepárate para compartir tus respuestas con el grupo. Es importante recordar que no hay respuestas a las preguntas a lo largo de las lecciones porque son tus pensamientos, ¡así que sé libre a la hora de responder!

- Resista la tentación de sentirse abrumado por el tiempo invertido en este viaje. No hay NADA más importante que tu relación con Jesús: ¡Él vale lo que cuesta!

- No hay forma incorrecta de pasar tiempo con Dios, siempre y cuando te pongas a su disposición. ¡Disfruta del viaje!

- Considere la posibilidad de enviar a su líder de grupo algunas de sus canciones favoritas para que las toque durante la parte de adoración de su próxima reunión.

- El tiempo de adoración durante el tiempo de grupo se proporciona para que usted venga completamente presente ante el Señor, especialmente si usted ha tenido un día ocupado. No hay una forma incorrecta de adorar a Jesús, ya sea que te sientes en silencio, te acuestes en el piso, bailes, te arrodilles o levantes los brazos. Este es un lugar seguro para dar gracias por todo lo que Él ha hecho por ti, ¡sea como sea!

Meditar Sobre la Belleza de la Verdad

"Nunca había pasado tanto tiempo leyendo la Biblia como en los últimos dos meses. Antes llevaba mi Biblia a la iglesia y la abría para seguir o la utilizaba como último recurso cuando ya no podía más y buscaba un milagro. Me resultaba muy difícil conectar y encontrar el poder cuando me sentía tan reprendido todo el tiempo. En el mejor de los casos, siempre había visto la Biblia como una historia libro de reglas. Sé que hablaba del amor de Dios, pero iba directamente a mi cerebro y no era capaz de penetrar en mi corazón. Quería que las palabras vengan a vida, como había oído que había hecho con tantos, pero por mucho tiempo que lo mirara, ninguna de las palabras bailaba para mí... ¡hasta ahora!

Mi mundo se ha incendiado. Hay un anhelo profundo en mi alma por Su Verdad. Cada vez que tengo un Tiempo de Silencio el Espíritu Santo me espera y me enseña a ver la vida en Su Palabra, no el callejón sin salida como antes. Él me ha dado ojos para ver, oídos para oír, y un corazón para entender como nunca antes. La verdad de Su Palabra brilla como un faro en una noche oscura, y en vez de caer en las artimañas del enemigo, yo ¡me estoy equipando con la Espada de la Verdad! ¡Ahhh! ¡Sin esfuerzo, Jesús giró Su llave en la cerradura de mi corazón y el pestillo ha saltado libre! La Palabra de Dios es perfecta".

Esta es una entrada de uno de mis primeros Tiempos de Silencio cuando descubrí lo que significaba pensar en la Palabra de Dios con un propósito. Antes, era como si tuviera la impenetrable fortaleza de mi corazón en una mano, y una llave intrincadamente tallada en y por más que las frotaba o las golpeaba, la puerta de mi corazón permanecía bien cerrada. No fue hasta que me enseñaron las habilidades de cómo ver la Palabra de Dios dar vida a través de la meditación, que Sus Palabras pasaron de ser adormecedoras de la mente ¡información a la verdad que desgarra el corazón! ¡Alabado sea Dios!

"Sin meditación, la Escritura tiende a quedarse en lo cerebral,
en lugar de tocar realmente tu corazón y cambiar tu vida".
-Lonnie Berger, autora de Todo Hombre es un Guerrero

Primeros Pasos

En la escuela, estudiaba escribiendo o subrayando hechos importantes en diferentes colores. A menudo me dejaba llevar y acababa haciendo garabatos en la página de los deberes. El color hace que todo sea hermoso, ¡sólo mira las creaciones de Dios! En las siguientes lecciones, tendrás un Versículo de Memoria incluido en tu Silencio Versículos del tiempo. La lección girará en torno a este versículo clave y a los demás versículos de apoyo. Estos versículos son escogidos a mano de la Palabra de Dios para ayudarle específicamente a aprender acerca del carácter de Dios. A través de tu Tiempo de Silencio, Él te enseñará la verdad que Él quiere escondida en tu corazón.

En la Lección 2, usted aprendió la habilidad de cómo tener un Tiempo de Silencio. Esta semana se trata de descubrir el "arte" de meditar en la Palabra de Dios. Vamos a comenzar escribiendo el versículo palabra por palabra con la referencia de la Escritura, resaltando y definiendo las PALABRAS ENFATIZADAS, contestando HAS PREGUNTAS, y reescribiendo el versículo en tus propias palabras. Meditar en la Escritura de esta manera permite que el significado arraigue en tu corazón.

TRANSCRIPCIÓN DEL VERSÍCULO

Escribir el versículo palabra por palabra ayuda a familiarizarse con él. Para recordar las referencias bíblicas, es mejor escribirlas antes y después de los versículos. Escribe Mateo 22:36-38 en tu traducción preferida, asegurándote de copiar correctamente incluso la puntuación.

Referencia bíblica: _____

Escribe el versículo palabra por palabra:

Referencia bíblica: _____

ENFATIZAR LAS PALABRAS

Enfatizando en las distintas palabras ayuda a comprender el significado del versículo. Enfatizar diferentes palabras es uno de los ejercicios más importantes para ganar profundidad de significado a la Palabra de Dios. Por ejemplo, hay veces en la Palabra en las que Dios se dirige a la humanidad, no sólo a un hombre. Cuando Dios se refiere a la humanidad, puedes hacer que parezca más personal sustituyendo la palabra "hombre" por "mujer", o "hijo" por "hija", cuando proceda. He descubierto que esto me ayuda a aplicar las Escrituras a mi propia vida como mujer. Me ayuda a reclamar mi lugar en el corazón de Dios como hija suya.

CUANDO DIOS CREO AL HOMBRE, LO HIZO A SEMEJANZA
DE DIOS. LOS CREO VARON Y HEMBRA Y LOS BENDIJO. Y
CUANDO FUERON CREADOS, LOS LLAMO HOMBRE..
—GÉNESIS 5:1-2 NVI

Lee el versículo en la parte superior de la página 44 donde ciertas palabras están subrayadas. Utiliza una concordancia bíblica, un diccionario de sinónimos o un diccionario para ayudarte. Yo recomiendo la aplicación "Blue Letter Bible", o www.blueletterbible.org. Esta herramienta tiene una concordancia, léxico, diccionario y mucho más, todo en un solo lugar. Si decides utilizar esta herramienta, tómate unos minutos para familiarizarte con el diseño de la aplicación/página web antes de empezar el siguiente ejercicio. A menudo utilizo esta herramienta para comprender mejor las palabras hebreas y griegas de las Escrituras que me resultan curiosas

Es una buena idea hacer una investigación de fondo sobre los recursos que elijas para ayudarte en tu Tiempo de Silencio. Aunque Blue Letter Bible es una herramienta creada por un ministerio cristiano para ayudar a la gente a buscar y estudiar la Biblia, no significa que sea impecable. Dicho esto, el uso de herramientas como ésta o, por ejemplo, "Bible Hub", puede ser de gran ayuda para comprender ciertas palabras de las Escrituras.

Recuerda que es muy importante no elegir palabras que cambien el significado del versículo. Este ejercicio es para ayudarte a envolver tu corazón en el significado de la Escritura. El primero ya está hecho para ti.

TODA LA ESCRITURA HA SIDO INSPIRADA POR DIOS Y ES ÚTIL PARA ENSEÑAR, REPRENDER, CORREGIR Y FORMAR EN LA JUSTICIA, A FIN DE QUE EL HOMBRE O LA MUJER DE DIOS ESTE ENTERAMENTE PREPARADO PARA TODA BUENA OBRA.
—2 TIMOTEO 3:16-17 NVI [EL SUBRAYADO ES NUESTRO]

- Reprender - Definición: reprender, corregir; Tesauros: desaprobar; Concordancia Fuerte: amonestar

- Rectitud-

- Equipado-

HAGA PREGUNTAS

Medita sobre los siguientes versículos utilizando el método de las PREGUNTAS. Enumera qué pregunta revela mejor la verdad del versículo. Algunos versículos tendrán más de una. Repaso la página 26 si necesario.

HAGA PREGUNTAS:
- ¿Una orden para obedecer?
- ¿Hay alguna promesa que reclamar?
- ¿Hay que evitar algún pecado?
- ¿Has aprendido algo nuevo sobre Dios?

EJEMPLO:

Algo nuevo que aprendiste sobre Dios.

"Este es el mensaje que hemos oído de Él y que os anunciamos: Dios es luz; en Él no hay tinieblas" (1 Juan 1:5 NVI).

HAGA PREGUNTA: _____

"Yo te instruiré y te enseñaré el camino que debes seguir; te aconsejaré y velaré por ti" (Salmo 32:8 NVI84).

HAGA PREGUNTA: _____

"No os limitéis a escuchar la Palabra, engañándoos así a vosotros mismos. Haced lo que dice" (Santiago 1:22 NVI).

HAGA PREGUNTA: _____

"Porque donde hay envidia y ambición egoísta, allí hay desorden y toda práctica perversa" (Santiago 3:16 NVI).

> NO DEJES QUE ESTE LIBRO DE LA LEY SE APARTE DE TU
> BOCA; MEDITA EN EL DIA Y NOCHE, PARA QUE CUIDES DE
> HACER TODO LO QUE ESTA ESCRITO EN ÉL. ENTONCES
> SERAS PROSPERO Y TENDRAS ÉXITO.
> —JOSUÉ 1:8 NVI

Medita sobre Josué 1:8 utilizando el método HAGA PREGUNTA. Anota tus pensamientos.

REESCRIBIR EL VERSÍCULO CON TUS PROPIAS PALABRAS

Reescribir un versículo con tus propias palabras te permite combinar toda tu meditación de manera que explique el versículo. El objetivo es que comprendas mejor cómo puedes aplicar el versículo a tu vida para vivir, pensar y hablar con rectitud, así como para conocer tu identidad en el corazón de Dios.

En el espacio que aparece a continuación, reescribe 2 Timoteo 3:16-17 con tus propias palabras. Utiliza como ayuda las meditaciones del ejercicio anterior. Prepárate para compartir tus ideas.

PREGUNTAS SOBRE LA APLICACION

Saber cómo aplicar las Escrituras en su vida diaria y en sus circunstancias es fundamental para que las verdades arraiguen en su corazón. Responda a las dos preguntas siguientes en relación con Josué 1:8.

¿Cómo puede cambiar mi forma de vivir este versículo si lo aplico a mi vida?

¿Por qué es importante practicar esta verdad en mi vida diaria?

💬 ¿Cómo influye la meditación en tu comprensión del versículo?

💬 ¿Cómo afecta la meditación de la Palabra a tu capacidad de aplicarla a tu vida?

💬 ¿Por qué es un problema mantener la palabra cerebral?

💬 ¿Por qué tiene que tocarte el corazón un versículo?

Repaso

1. Meditar en la Palabra de Dios cambia tu corazón para ver mejor el propósito de Dios.

2. Desarrollar tus habilidades en la meditación mejorará enormemente tu capacidad para convertirte en una mujer de la Palabra, cultivando una vida de santa belleza.

3. Recuerda tener cuidado al reescribir el versículo con tus propias palabras para no cambiar el significado del versículo. El objetivo de este ejercicio es ayudar a que el versículo se convierta en conocimiento del corazón en lugar de conocimiento de la cabeza.

4. Repasar, repasar, repasar. Esta es la clave para memorizar las Escrituras Repasa tus versículos al menos una vez al día, todos los días.

Principales Conclusiones

¿Qué ha aprendido de esta lección?

Antes de su Próxima Reunión

1. Trata de tener un Tiempo de Silencio al menos cuatro veces esta semana. Puedes descargar la hoja de trabajo Tiempo de silencio o comprar un Diario de tiempo de silencio Cultivando la Belleza Santa en www.CultivatingHolyBeauty.com.

2. Memorice 2 Timoteo 3:16-17 mientras trabaja en la Lección 4.

3. Ven con la lección 4 terminada y prepárate para la proxima reunion.

Notas

Notas

Cultivar Una Vida de Belleza Santa

PUNTO CLAVE

La Palabra de Dios tiene respuestas para cada situación que usted enfrentará en su vida. Memorizar las Escrituras es su estrategia de batalla. Si no conoces la estrategia, no ganarás la batalla.

POR QUÉ ES IMPORTANTE

Usted puede ser victorioso contra los pensamientos que hacen la guerra contra lo que usted es en Cristo. ¡Esto es guerra, y la Palabra de Dios es tu estrategia de batalla!

CÓMO APLICARLO

Al elegir recordar y reclamar la Palabra de Dios en los momentos difíciles, no cederemos a las mentiras que nos mantienen cautivos.

LECCIÓN 4

Cultivar Una Vida de Santa Belleza

VERSÍCULOS PARA MEMORIZAR

2 Timoteo 3:16-17 (Escribe tu versículo para memorizar en el espacio de abajo).

VERSÍCULOS PARA EL TIEMPO DE SILENCIO

2 Timoteo 3:10-17; 1 Pedro 3:1-4; Salmo 119:10-13; Proverbios 30:5-6; Juan 16:25-33; Hebreos 4:12-16; Juan 15:1-8

*Complete la Lección 4 y trate de tener de cuatro a siete Tiempos de Silencio Antes de su próxima reunión. Los versículos proporcionados arriba son para Tiempos de Silencio adicionales **después de haber completado esta lección**. Para asegurarse de que está utilizando el versículo en el contexto correcto, asegúrese de leer varios versículos antes y después del pasaje o pasajes sugeridos para el Tiempo de Silencio*

PUNTO CLAVE

La Palabra de Dios tiene respuestas para cada situación que usted enfrentará en su vida. Memorizar las Escrituras es su estrategia de batalla. Si no conoces la estrategia, no ganarás la batalla.

POR QUÉ ES IMPORTANTE

Usted puede ser victorioso contra los pensamientos que hacen la guerra contra lo que usted es en Cristo. ¡Esto es guerra, y la Palabra de Dios es tu estrategia de batalla!

CÓMO APLICARLO

Al elegir recordar y reclamar la Palabra de Dios en los momentos difíciles, no cederemos a las mentiras que nos mantienen cautivos.

Notas del Líder

- ORA por tu grupo y pídele a Dios que ayude a tus compañeros de grupo a aprender a memorizar Su Palabra y a estar listos para usarla por el poder del Espíritu Santo.

- Si un miembro del grupo tiene que faltar, lo que hace que el grupo se quede más de dos semanas en una lección, busque un momento para reunirse con él a solas o por teléfono para que el grupo pueda seguir avanzando.

- Mantente fiel a la enseñanza de la Palabra, ¡dejando que el Espíritu Santo haga el trabajo duro!

- Destaca una o dos preguntas de la lección para debatirlas en grupo, permitiendo que cada persona comparta una respuesta. Como referencia rápida, escribe a continuación los números de página de las preguntas que hayas elegido para conversar.

Navegar Por el Tiempo en Grupo

- Dedica entre 15 y 20 minutos de adoracion.

- Cuando el tiempo de adoración llega a su fin, el líder debe comenzar el método WAR de oración. (Sólo para el líder)

- Escriba un resumen rápido de la Lección 4 en el espacio siguiente Compártalo con el grupo para comenzar la lección una vez finalizado el tiempo de oración.

- Pida a todos que compartan su "Conclusión principal" del final de la lección. Repasa "Cómo compartir tu tiempo de silencio con el grupo".

- Haz que cada persona comparta un Tiempo de Silencio.

- Lea "Memorizar y meditar las Escrituras" y "Habilidades que le ayudarán a memorizar las Escrituras para toda la vida".

- Anima a todos a compartir su respuesta de la página 64, "Por qué necesito convertirme en una mujer de la Palabra mientras cultivo una vida de santa belleza".

- Lea las secciones: "Repaso" y "Antes de la próxima reunión".

- Divídanse en parejas y reciten sus versículos. Animaos a ser precisos, ya que la Palabra es nuestra mejor arma.

- Recuerda a todos que deben firmar el registro del curso de cada uno en la parte posterior del libro.

LECCIÓN 4

Cultivar Una Vida de Belleza Sagrada

VERSÍCULOS PARA MEMORIZAR

2 Timoteo 3:16-17 (Escribe tu versículo para memorizar en el espacio de abajo).

VERSÍCULOS PARA EL TIEMPO DE SILENCIO

2 Timoteo 3:10-17; 1 Pedro 3:1-4; Salmo 119:10-13; Proverbios 30:5-6; Juan 16:25-33; Hebreos 4:12-16; Juan 15:1-8

*Complete la Lección 4 y trate de tener de cuatro a siete Tiempos de Silencio Antes de su próxima reunión. Los versículos proporcionados arriba son para Tiempos de Silencio adicionales **después de haber completado esta lección.** Para asegurarse de que está utilizando el versículo en el contexto correcto, asegúrese de leer varios versículos antes y después del pasaje o pasajes sugeridos para el Tiempo de Silencio.*

PUNTO CLAVE

La Palabra de Dios tiene respuestas para cada situación que usted enfrentará en su vida. Memorizar las Escrituras es su estrategia de batalla. Si no conoces la estrategia, no ganarás la batalla.

POR QUÉ ES IMPORTANTE

Usted puede ser victorioso contra los pensamientos que hacen la guerra contra lo que usted es en Cristo. ¡Esto es la guerra, y la Palabra de Dios es su estrategia de batalla!

CÓMO APLICARLO

Al elegir recordar y reclamar la Palabra de Dios en los momentos difíciles, no cederemos a las mentiras que nos mantienen cautivos.

Notas del Participante

- Esta semana mientras trabaja en la lección ORE para que los miembros de su grupo den un paso adelante en fe y valor mientras comienzan a aprender la importancia de tener la Palabra de D i o s escrita en sus corazones. Memorizar las Escrituras puede ser intimidante. Recuerda que esto le importa a Dios, y Él te ayudará-si Dios está a tu favor, ¡quién puede oponerse a ti!

- Completa esta lección antes de tu próxima reunión. Asegúrese de responder a las preguntas marcadas con una burbuja de debate y prepárate para compartir tus respuestas con el grupo. Es importante recordar que no hay respuestas Erróneas a las preguntas a lo largo de las lecciones porque son tus pensamientos, ¡así que sé libre a la hora de responder!

- Tómate tu tiempo para escribir una respuesta a Jesús en la página 64. "Por qué necesito convertirme en una mujer de la Palabra mientras cultivo una vida de santa belleza". Dile a Jesús por qué esto es importante para ti. Prepárate para compartir tu respuesta con tu grupo.

- ¡Resiste la tentación de sentirte abrumado por la memorización de las scrituras! Lo más importante no es que el versículo se memorice palabra por palabra en tu traducción favorita, ¡sino que la verdad espiritual del versículo quede escrita en tu corazón!

- Considere la posibilidad de enviar a su líder de grupo algunas de sus canciones favoritas para que las toque durante la parte de adoración de su próxima reunión.

- El tiempo de adoración durante el tiempo de grupo se proporciona para que usted venga completamente presente ante el Señor, especialmente si usted ha tenido un día ocupado. No hay una forma incorrecta de adorar a Jesús, ya sea que te sientes en silencio, te acuestes en el suelo, bailes, te arrodilles o levantes los brazos. Este es un lugar seguro para dar gracias por todo lo que Él ha hecho por ti, ¡sea como sea!

Cultivando Una Vida de Santa Belleza

Finalmente, el auto de Sara y Michael se dirigía hacia el sur por la I-95! Estas vacaciones en la playa llegaban una vez al año, y todos estaban listos para una semana bajo el sol. Los niños tenían su jugo, bocadillos y juguetes al alcance de la mano, mientras que su película favorita actual se reproducía en la pantalla del DVD. Sara y Michael se habían estado riendo mientras trataban de adivinar cuántas veces los niños miraban la nueva película en el viaje, cuando un automóvil cambiaba abruptamente de carriles en la carretera de cuatro carriles frente a ellos, cortándolos. Michael se apartó de el pedal de gasolina, dejando que el auto tuviera espacio, pero Sara notó que su mandíbula estaba tensa y que la oscuridad se había apoderado de él. A continuación, el automóvil también parecía soltar la gasolina y había caído muy por debajo del límite de velocidad señalado. Michael puso la flecha intermitente y se movió para rodear el auto mientras el otro conductor lo derribaba y les hacía un gesto con el dedo medio, riéndose mientras los volvía a pasar. Había pasado mucho tiempo desde que Michael se había enfadado de esta manera. Esta fue una fuente de heridas profundas para Sara, pero había pasado tanto tiempo desde que se había entregado a ella, rara vez pensaba en eso ahora cuando se subían al auto. Al principio, Sara le gritaba a Michael y se enojaba con él durante días por su desconsiderado y, a veces, imprudente conducción hasta que estaba dispuesto a hacer cualquier cosa para hacerla feliz de nuevo. Pero, cuando la próxima oportunidad para que él "le enseñe una lección a alguien"en el camino daba la vuelta, siempre la tomaba.

La ansiedad revolcaba su estómago cuando Michael pisó el acelerador de su minivan, pasando rugiendo al hombre alborotador. Luego se desvió frente al automóvil y frenó de golpe, el humo salió del otro automóvil mientras sus neumáticos chirriaban en el pavimento para evitar chocarlos por detrás. El comportamiento de Michael había impedido que el bully de la carretera los molestara más.

Que manera de robar la alegría jovial de Sara para sus vacaciones. Su rostro ardía de ira y su corazón se sentía como si le hubieran arrancado un pedazo enorme. Sara sintió como si le hubieran arrancado viejas costras de heridas que estaban casi curadas. ¡Lo había hecho tan bien durante tanto tiempo! Odiaba a ese hombre en su corazón por arruinar su viaje. ¡Podrían haber tenido un gran accident! ¿Por qué el hombre les hizo algo así?

Los niños estaban con los ojos muy abiertos en el asiento trasero, olvidada su película favorita. Sara sabía que el tipo se había burlado de ellos, pero la airada reacción de Michael ponía a su familia en peligro. Mantuvo los labios cerrados hasta que pudo controlar su ira. Quería gritarle y decirle lo estúpido que había sido, pero no quería asustar más a los niños. Con las manos apretadas en el regazo, inmediatamente le vino a la mente un pasaje de las Escrituras que había estado memorizando: "Acercaos a mí y yo me acercaré a vosotros" (Santiago 4:8)..

Pronto la paz empezó a inundar su corazón, sintió que se le iba el rubor de la cara y pudo darse la vuelta y tranquilizar a los niños. Permaneció en ese lugar durante media hora, dejando que Dios le insuflara Su paz y tranquilidad. Le dijo a Dios cuánto le amaba y lo dolida que estaba por las acciones de su marido. Mientras Sara repetía el versículo una y otra vez en su mente, la conmoción del miedo y la ira empezaron a remitir a medida que su Padre Celestial sometía el torrente que hervía dentro de su corazón con Sus promesas.

Sara creía en Dios; sabía que Él estaba cerca. La ira de Sara se había convertido en tristeza, y luego la tristeza se transformó en agradecimiento. Se sintió agradecida por el hecho de que, aunque las cosas habían ido terriblemente mal, cada uno se había detenido antes de herirse mutuamente con palabras airadas. Los dos habían sido culpables de eso, ya fuera porque Sara había arremetido contra Michael y lo había tratado como a un niño, o porque Michael había hecho un comentario sarcástico porque ella no le había señalado lo que había hecho mal.

En ese momento, Sara oyó otro versículo que había estado memorizando—*"Lo mismo os digo a vosotras, esposas: Sed buenas esposas para vuestros maridos, atentas a sus necesidades. Hay maridos que, indiferentes a cualquier palabra sobre Dios, quedarán cautivados por vuestra vida de santa belleza. Lo que importa no es vuestra apariencia exterior -el peinado, las joyas que lleváis, el corte de vuestra ropa—sino vuestra disposición interior"*
(1 Pedro 3:1-4 MSG).

Sara sabía que Dios no la había abandonado en ese momento. No le estaba pidiendo que se sometiera a la ira de su marido. Más bien, le estaba pidiendo **que confiara en ÉL** y **se sometiera a ÉL** en su dolor y enojo.

Lo que más importaba en ese momento era que Sara tenía un corazón dispuesto a someterse a Dios. Inclinó la cabeza y oró: "Padre, quiero ser una buena esposa para Michael, quiero responder a sus necesidades. Pero Padre, en este momento él no está dispuesto a escuchar ninguna palabra de verdad; no está siendo un líder piadoso y mi corazón está herido. Padre, Tú me dices que él será cautivado por mi vida de mi sagrada belleza, por mi voluntad de ceder en el amor. No puedo rendirme a él ahora, pero me rendiré a TI. Tú ves mi cabeza inclinada y mi corazón herido; estoy herido, pero no rebelde; estoy enojado, pero no pecaré. Sé que la forma en que respondo a él en este momento es entre Tú y yo. Te amo, Padre! Por favor, llena este coche con la paz de Tu Hijo, que sobrepasa todo entendimiento. Quiero liberarme de este dolor, pero no tanto como quiero que moldees el carácter de mi esposo a la semejanza de Jesús. Por favor, llámalo de nuevo a Ti!"

Pidió perdón al otro conductor y le pidió a Dios que la perdonara de sus sentimientos de odio. Se quedó sentada en ese lugar con Dios un rato más, antes de acercarse, apretar la mano de Michael y ofrecerle una pequeña sonrisa de perdón. Él dejó escapar un profundo suspiro y se detuvo en la siguiente gasolinera. Abrió la puerta y la abrazó profundamente. Le pidió perdón una y otra vez en el pelo, mientras oían a los niños reírse de ellos desde sus asientos.

Todos los matrimonios se enfrentan a situaciones difíciles similares a ésta. Como Sara tenía una relación íntima con Jesús, sabía que podía confiar en las promesas de Dios en ese momento. El Señor inundó sus oídos con versículos para recordarle que no todo estaba perdido. Al acercarse a Dios, su esposo había sido cautivado por su santa belleza de correr hacia Dios.

No importa lo duro o aparentemente mundana que sea la situación, permítete siempre un momento con Dios antes de reaccionar herido o enfadado. Deja que entre el amor.

Las historias de Cultivando la Santa Belleza tratan de mujeres reales en situaciones de la vida real que eligen buscar a Dios y las Escrituras para cambiar el resultado de sus vidas. Como mujeres, tenemos muchos roles incluyendo hija, madre, hermana, esposa, amiga, etc. Nuestros pensamientos erróneos y nuestras malas decisiones afectan a los que nos rodean, a los que más queremos. La programación interna incorrecta se transmitirá a la siguiente generación a menos que descubramos la verdad y corrijamos el error. Estas verdades se encuentran en las Escrituras. Una relacion intima con tu Creador es lo unico que cultivara la belleza Santa en ti y cautivara a los que te rodean.

¿Cómo le ayudó a Sara memorizar las Escrituras en este duro momento?

¿Qué tan difícil crees que fue para Sara someterse a Dios en ese momento?

¿Qué significaría para ti que en tu propia vida se rompieran ciclos de dolor, ira o miedo como los de Sara?

¿Qué papel puede desempeñar en ello la memoria de las Escrituras?

Elementos de la Belleza Sagrada

La Palabra de Dios es Su semilla. Cuando tomamos Su Palabra nos regenera y reescribe nuestros corazones. Su Palabra cura heridas, corrige errores y nos guía hacia lo que el Padre nos creó para ser. Comenzar el viaje hacia una vida de belleza santa comienza y termina con alinearse con el corazón de Dios. Se necesita fe, perseverancia y estar dispuesto a desechar los deseos de la carne. Como hija del Único Rey Verdadero creada a Su imagen, fuiste diseñada para parecerte a Él y ser un reflejo de Él. Aprendemos como hacer esto a través de Su Palabra y teniendo una relación íntima con El. La Biblia es un plano para tu vida, pero no es efectiva a menos que las palabras salgan de la página y vivan dentro de tu corazón. Es más que simplemente conocer las historias de la Biblia, es permitirle a Él que modifique tus pensamientos y acciones a través de Sus promesas. A medida que crezcas en tu amor por Él, tu fe y confianza aumentarán también, creando un profundo anhelo para adorar a este Padre Poderoso que nunca te falla. Sí, habrá pruebas y dolor, pero tu esperanza en Dios será mayor, y empezarás a triunfar en áreas en las que antes volcabas. Pasarás de sobrevivir a duras penas, a prosperar abundantemente en la fuerza de Jesús y vivir una vida de santa belleza.

TODA LA ESCRITURA HA SIDO INSPIRADA POR DIOS Y ES ÚTIL PARA ENSEÑAR, REPRENDER, CORREGIR Y FORMAR EN LA JUSTICIA, A FIN DE QUE LA MUJER DE DIOS ESTE COMPLETAMENTE EQUIPADA PARA TODA BUENA OBRA —2 TIMOTEO 3:16-17 NVI [EL SUBRAYADO ES NUESTRO]

Iniciar un Nuevo Habito de por Vida

MEMORIZAR Y MEDITAR LAS ESCRITURAS

Si vamos a aprender una nueva habilidad para toda la vida, tenemos que aprender bien la técnica. Durante años di clases de fitness. Mi trabajo como monitora de fitness consistía en ayudar a la gente a estar sana. Empezamos aprendiendo sobre el equipo y luego sobre la posición correcta del cuerpo en determinados ejercicios. Yo enseñaba a los alumnos la respiración, así como animarlos cuando querían dejar de fumar.

Y Principales conclusiones, les enseñé a no lesionarse. Mi trabajo consistía en enseñar a la gente técnicas que les ayudaran a llevar con éxito un nuevo estilo de vida saludable. Cuando empezamos nuevos hábitos para toda la vida, es importante tener las habilidades correctas. Algunos pueden temer que Memorizar las Escrituras es difícil. El enemigo usará tácticas como el miedo y la incapacidad para obstaculizarte. Pero tengamos un poco de perspectiva: ¡nosotros memorizamos nuestras canciones favoritas todo e l tiempo! Memorizar las Escrituras es una habilidad que con un poco de esfuerzo se puede aprender. Escribir las promesas de Dios en tu corazón no sólo te preparará para las dificultades, sino que también te ayudará a vivir mejor, ¡a través de ellas! Recuerda, ¡la Palabra de Dios nunca vuelve vacía! (Isaías 55:11)

HABILIDADES PARA MEMORIZAR LAS ESCRITURAS PARA TODA LA VIDA

- Tener un tiempo de silencio sobre el nuevo versículo que estamos memorizando cada semana. Relee el versículo un par de veces y anota por qué es importante. Dedica un tiempo de silencio completo a cada nuevo versículo de memoria. De esta manera, el versículo ya está medio aprendido.

- Diga siempre la referencia antes y después de citar el versículo. La referencia es la parte más difícil de recordar. Decirla dos veces ayuda a mantener la conexión con el versículo.

- Practica diciendo juntos la referencia y la primera frase del versículo. Esto le ayudará a empezar el versículo. A continuación, añade la siguiente frase. Sigue añadiendo frases hasta que tengas el versículo completo. Di el versículo en voz alta siempre que sea posible. Esfuérzate por pronunciar la palabra versículo perfecto.

- Las tarjetas de versículos para memorizar están disponibles en la parte posterior de este libro para su conveniencia o visite www. CultivatingHolyBeauty.com para comprar el paquete de versículos Cultivando la Santa Belleza. Usando su traducción favorita, escriba el versículo para memorizar palabra por palabra en un lado de la tarjeta, la referencia del versículo se proporciona en el otro. Asegúrese de llevar siempre su paquete de versos a la reunión de su grupo. Cuando llegue el momento de repasar los versos con un compañero, entrégale tus tarjetas de versos para que puedan seguirlos.

- Una vez aprendido el versículo, intenta repasarlo un par de veces al día. Si repasas un versículo aprendido diariamente durante siete semanas, se le quedará grabado de por vida.

- ¡Revisión, revisión, revisión!

Ser Una Mujer de Palabra

ESTUDIA LOS SIGUIENTES VERSÍCULOS. ANOTA LO QUE DICE CADA UNO SOBRE SER UNA MUJER DE PALABRA.

- Colosenses 3:16

- 2 Timoteo 2:15

- Juan 8:31-32

- Romanos 15:4

Después de estudiar los pasajes y repasar el capítulo, escribe al menos un párrafo explicando: "Por qué necesito convertirme en una mujer de la Palabra al cultivar una vida de santa belleza". Prepárate para compartir tu respuesta con el grupo.

Repaso

1. La Palabra de Dios tiene respuestas para cada situación que usted enfrentará en su vida. Memorizar las Escrituras es su estrategia de batalla. Si no conoces la estrategia, no ganarás la batalla

2. Recuerda decir la referencia de la Escritura antes y después de citar el versículo.

3. ¡Revisión, revisión, revisión!

Principales Conclusiones

¿Qué ha aprendido de esta lección?

Antes de su Proxima Reunion

1. En la Lección 5 comenzarán a orar juntos como grupo. Esta lección unirá al grupo mientras derraman sus corazones a Dios. Es posible que necesite más tiempo para las reuniones.

2. Trate de tener un Tiempo de Silencio al menos cuatro veces esta semana utilizando el formato de Tiempo de Silencio de la página 30 mientras completa la Lección 5. Prepárate para compartir un Tiempo de Silencio con el resto del grupo siguiendo "Cómo compartir". Tu Tiempo de Silencio" en la página 31. Utilice uno o dos Tiempos de Silencio adicionales para completar la lección o pase el tiempo meditando y memorizando sus versículos actuales.

3. Ven preparado con la lección 5 terminada

4. Memoriza **Filipenses 4:6-7** mientras trabajas en la Lección 5.

Notas

Uniendo Corazones a Traves de la Oracion

PUNTO CLAVE

Aprende a orar la voluntad del Padre mientras empiezas a ver la oración como una conversación bidireccional entre tú y Dios.

POR QUÉ ES IMPORTANTE

Escuchar a Dios te capacita para tomar decisiones sabias. Cuanto más le busques, más fácil te resultará discernir entre el bien y el mal.

CÓMO APLICARLO

Aprende a alinear tu corazón con el corazón de Dios y a orar Su voluntad en lugar de la tuya.

LECCION 5

Uniendo Corazones a Traves de la Oracion

VERSÍCULOS PARA MEMORIZAR

Filipenses 4:6-7 (Escribe tu versículo para memorizar en el espacio de abajo.)

VERSÍCULOS PARA EL TIEMPO DE SILENCIO

Filipenses 4:1-7; Salmo 107:28-30; Santiago 5:13-20; 1 Timoteo 2:1-2; Salmo 18:1-6;

Salmo 50:14-15; Mateo 7:7-12

*Completa la Lección 5 y trate de tener de cuatro a siete Tiempos de Silencio Antes de su proxima reunion. Los versículos proporcionados arriba son para Tiempos de Silencio adicionales **después de haber completado esta lección**. Para asegurarse de que está utilizando el versículo en el contexto correcto, asegúrese de leer varios versículos antes y después del pasaje o pasajes sugeridos para el Tiempo de Silencio*

PUNTO CLAVE

Aprende a orar la voluntad del Padre mientras empiezas a ver la oración como una conversación bidireccional entre tú y Dios.

POR QUÉ ES IMPORTANTE

Escuchar a Dios te capacita para tomar decisiones sabias. Cuanto más le busques, más fácil te resultará discernir entre el bien y el mal.

CÓMO APLICARLO

Aprende a alinear tu corazón con el corazón de Dios y a orar Su voluntad en lugar de la tuya.

Notas del Líder

- ORA por tu grupo y pídele a Dios que ayude a tus compañeros de grupo a ganar confianza en la oración, aprendiendo a escuchar Su voz y a orar en consecuencia, mientras aprenden a entrar en una comunión más profunda con Dios a través de pasar tiempo con Él.

- Asegúrese de seguir la Guía del Líder. El grupo comenzará a practicar el método WAR de oración al final del tiempo de grupo durante esta lección. La parte de adoración y oración al comienzo de la reunión seguirá siendo la misma. La próxima semana se unirán a usted en la transición del tiempo de adoracion.

- Recuerda que orar en voz alta puede intimidar a algunos miembros del grupo. Extiéndeles gracia y ánimo.

- Pon un cronómetro para asegurarte de que tienes tiempo suficiente para repasar los versículos al final de la lección en caso de que el tiempo de oración se alargue más de lo previsto. Queremos tener siempre en cuenta la necesidad de terminar la reunión a tiempo.

- Cuando oremos así, a menudo se nos escapa el tiempo, ¡y no pasa nada! De hecho, ¡es algo bueno! Esté dispuesto a dejar que el Espíritu le guíe, ¡incluso si eso significa que tiene que acortar el tiempo de revisión de la lección! El mayor logro es tener hermanas en Cristo escuchando directamente del Señor.

- A medida que el grupo comienza a practicar el método WAR de oración cada semana animarles a dejarse guiar por el Espíritu y a leer cada vez menos de sus apuntes.

- No tengas miedo de permitir el silencio durante el tiempo de oración de tu grupo método WAR. Es bueno practicar la espera en el Señor. No sientas que tienes que llenar el silencio con palabras. Simplemente espera en el Señor, ¡Él es fiel!

- Destaca una o dos preguntas de la lección para debatirlas en grupo, permitiendo que cada persona comparta una respuesta. Para una referencia rápida, escribe a continuación los números de página de las preguntas que has elegido para debatir.

- Termina la reunión volviendo a la página 78. Practiquen en grupo el método WAR de oración. Recuerda que puedes leer los ejemplos si es necesario. Cada persona puede tomar un turno para compartir palabras de **Adoración**, seguido de un tiempo para **Admitir el** pecado, y luego terminar con su **Peticiones**.

Navegar por el Tiempo en Grupo

- Dedica entre 15 y 20 minutos de adoracion.

- Cuando el tiempo de adoración llega a su fin, el líder debe comenzar el método WAR de oración. (Sólo para el líder)

- Escriba un resumen rápido de la Lección 5 en el espacio siguiente. Compártalo con el grupo para comenzar la lección una vez finalizado el tiempo de oración.

- Pide a cada uno que comparta lo que ha aprendido al final de la lección. Pide a cada persona que comparta un momento de silencio.

- Repasa "Ejercicio WAR—Comunicación con Dios" en las páginas 75.

- Lea las secciones: "Repaso" y "Antes de la próxima reunión".

- Divídanse en parejas y reciten sus versículos. Animaos a ser precisos, ya que la Palabra es nuestra mejor arma.

- Recuerda a todos que deben firmar el registro del curso de cada uno en la parte posterior del libro.

- Termina haciendo que cada persona participe en el método WAR de oración, siguiendo el ejemplo de la página 78

LECCION 5

Uniendo Corazones a Traves de la Oracion

VERSICULOS PARA MEMORIZAR

Filipenses 4:6-7 (Escribe tu versículo para memorizar en el espacio de abajo.)

VERSÍCULOS PARA EL TIEMPO DE SILENCIO

Filipenses 4:1-7; Salmo 107:28-30; Santiago 5:13-20; 1 Timoteo 2:1-2; Salmo 18:1-6; Salmo 50:14-15; Mateo 7:7-12

Complete la Lección 5 y trate de tener de cuatro a siete Tiempos de Silencio Antes de su proxima reunion. Los versículos proporcionados arriba son para Tiempos de Silencio adicionales después de haber completado esta lección. Para asegurarse de que está utilizando el versículo en el contexto correcto, asegúrese de leer varios versículos antes y después del pasaje o pasajes sugeridos para el Tiempo de Silencio

PUNTO CLAVE

Aprende a orar la voluntad del Padre mientras empiezas a ver la oración como una conversación bidireccional entre tú y Dios.

POR QUÉ ES IMPORTANTE

Escuchar a Dios te capacita para tomar decisiones sabias. Cuanto más le busques, más fácil te resultará discernir entre el bien y el mal.

CÓMO APLICARLO

Aprende a alinear tu corazón con el corazón de Dios y a orar Su voluntad en lugar de la tuya.

Notas del Participante

- Esta semana, mientras trabajas en la lección, ORA para que tus compañeros de g r u p o sean valientes y guiados por el Espíritu cuando comiencen a orar juntos en voz alta. La idea es orar por lo que está en el corazón de Dios escuchando la pequeña voz de Su Espíritu.

- Completa esta lección antes de tu próxima reunión. Asegúrese de responder a las preguntas marcadas con una burbuja de discusion y prepárate para compartir tus respuestas con el grupo. Es importante recordar que no hay respuestas erróneas a las preguntas a lo largo de las lecciones porque son tus pensamientos, ¡así que sé libre a la hora de responder!

- La plantilla de ejemplo del método WAR de oración que aparece en la página 78 es un ejemplo para que lo leas unas cuantas veces. La idea es que empieces a reconocer la vocecita apacible del Espíritu Santo y ores como Él te guíe. Cuando estoy orando, a menudo le pregunto al Señor si hay algo que quiera decirme, me calmo y escucho.

- No tengas miedo de permitir el silencio durante el tiempo de oración de tu grupo método WAR. Es bueno practicar la espera en el Señor. No sientas que tienes que llenar el silencio con palabras. Sólo espera el pensamiento o el recordatorio de lo que está en tu corazón para orar, y simplemente habla con Jesús.

- Ten cuidado de rechazar las mentiras que susurran cosas como "tus palabras son suficientemente buenas" o "la gente pensará que tu oración es tonta". Es más que probable, todo el mundo tendrá algún grado de inseguridad o timidez al empezar. Ayuda a animar a los que te rodean siendo audaz, transparente y vulnerable ante ellos y ante el Señor con tu Oracion.

- El tiempo de adoración durante el tiempo de grupo se proporciona para que usted venga completamente presente ante el Señor, especialmente si usted ha tenido un día ocupado. No hay una forma incorrecta de adorar a Jesús, ya sea que te sientes en silencio, te acuestes en el suelo, bailes, te arrodilles o levantes los brazos. Este es un lugar seguro para dar gracias por todo lo que Él ha hecho por ti, ¡sea como sea!

Uniendo Corazones a Traves de la Oracion

Mae había sido invitada por sus amigos a un pequeño grupo de oración en la iglesia. No sabía qué esperar, pero estaba entusiasmada. Se sentó en silencio, con las manos cruzadas sobre el regazo, la cabeza inclinada y los ojos cerrados, mientras las demás mujeres oraban en voz alta alrededor de la sala. No pudo evitar notar la diferencia en la forma en que cada mujer se dirigía a Dios. Algunas eran hermosas y elocuentes con sus palabras, mientras que otras sonaban como gritos de guerra desgarradores. Se hacía eco de sus oraciones en voz baja y esperaba que, si asistía a las reuniones el tiempo suficiente, algún día podría orar con tanta belleza y valentía como las demás.

Después de la reunión, Jalyssa invitó a Mae a su casa a tomar un café. Mientras se acomodaban en el porche trasero, Jalyssa le preguntó a Mae qué le había parecido el momento de oración. Mae se rió y dijo: "¡Nunca podré orar así en voz alta! Diría algo vergonzoso". Antes, sólo oraba cuando necesitaba algo o cuando quería que bendijeran mi comida". Jalyssa se sintió totalmente identificada, así que compartió su propia lucha de cómo, al principio, ella también pensaba que era inadecuada y no lo suficientemente espiritual para participar. Le explicó a Mae que no se ora tanto por lo que uno quiere, sino por lo que Dios quiere. Mae la miró perpleja y le preguntó: "¿Cómo sé lo que Dios quiere que ore?". Jalyssa simplemente respondió: "Tú escucha". Con mirada incrédula, Mae dijo: "¿Quieres decir que Dios me va a hablar de verdad?". Pasaron la siguiente hora orando el método WAR de oración (Adoración-Admisión-Petición), y cómo modelaba el Padre Nuestro.

En la siguiente reunión de oración, mientras las mujeres ofrecían al azar sus gritos de guerra por la sala, Mae pidió a Dios que dirigiera sus oraciones como su amiga había sugerido. Se quedó callada hasta que apenas pudo contener las palabras que querían salir de sus labios. Dios la había escuchado, y porque ella escuchó con oídos para oír, ¡Dios dirigió sus oraciones! Incluso le dio palabras de adoración. No se detuvo a pensar en los demás en la sala, sólo tenía ojos para su Padre mientras dejaba que las palabras fluyeran de su corazón hacia Su Trono. Derramar su corazón a Dios con los demás se convirtió en una de las partes favoritas de Mae en su vida cristiana. A medida que crecía en su relación con el Señor, sus oraciones se convirtieron en gritos de guerra y su adoración pasó de ser palabras apenas susurradas a gritos de aclamación.

El Verdadero Objetivo de la Oracion

Piensa en cómo te sentirías si tuvieras una amiga que no te llamara durante días. Y un día, cuando por fin te llama, lo único que oyes es lo mal que le va la vida. Te pide ayuda a gritos y luego cuelga abruptamente. ¿Se parece esto a tu vida de oración? ¿Es así como se ve tu búsqueda de Dios? Si es así, no te sientas mal porque eres normal.

Comunión significa compartir pensamientos y sentimientos íntimos, especialmente cuando el intercambio es a nivel espiritual. La oración no es una conversación unidireccional en la que le decimos a Dios las cosas que queremos que haga por nosotros o nos dé, y luego colgamos el teléfono. La oración es comunión con Dios, un intercambio de palabras, pensamientos y emociones, en el que escuchamos a la vez que hablamos. El Padre nos conoce. No sólo escucha nuestras palabras, sino que puede sentir lo que sentimos mientras oramos, ya que escudriña nuestros corazones en busca de nuestras intenciones detrás de la oración. Propónte escuchar Su guía más tiempo del que hablas. En lugar de pedir siempre a Dios las cosas que quieres, prueba a preguntarle a Dios cuáles son Sus sueños para tu vida, ¡y luego espera con alegría una respuesta!

Escuchar a Dios a través de Su Palabra y en nuestro Tiempo de Silencio nos equipa para tomar decisiones sabias. Cuanto más le buscamos, más fácil nos resulta discernir entre el bien y el mal. Pero Dios también habla a nuestros corazones a través del "pequeña voz" del Espíritu Santo (ver 1 Reyes 19:12 NKJV). Por eso, escuchar a Dios es una parte vital de nuestra vida de oración. Debemos proponernos tener siempre nuestros oídos sintonizados con Dios. Luego compara lo que oyes con la escritura y busque el consejo piadoso de un cristiano espiritualmente maduro, si es necesario. A menudo, los cristianos de hoy descartan escuchar a Dios porque temen ser engañados. Si el mensaje es del Señor, Él confirmará lo que usted oye de Él con el tiempo, y a medida que usted aprenda más y más acerca de Su naturaleza y carácter a través de las Escrituras y sus Tiempos de Silencio, usted crecerá en discernimiento.

> **OBJECTIVO ESCUCHA SU GUIA MAS TIEMPO DEL QUE HABLAS.**

EL SEÑOR DIRIGE LOS PASOS DE LOS PIADOSOS. ÉL SE DELEITA EN CADA DETALLE DE SUS VIDAS.
—SALMO 37:23 NLT

Comunicacion con Dios

EJERCICIO DE GUERRA

ADORANDO EN LA ORACIÓN

La adoración debe ser un elemento fundamental de nuestra relación con Dios. Verdadero La adoración es una experiencia y una expresión del corazón: Conectar la relación entre tú y Él.

1. **Alábale** por lo que es y por lo que ha hecho.

2. **Agradécele sus bendiciones** y el privilegio de llamarle Padre.

3. **Escúchale en** busca de dirección y comprueba lo que oyes con las Escrituras; espera pacientemente a que Él lo confirme con el tiempo.

ADMITIR LOS PECADOS

Es la confesión de los pecados y la petición de perdón. Muchas veces, durante la porción de adoración de la oración, Dios traerá a la mente áreas de arrepentimiento. Debemos confesar nuestros pecados sólo a Dios. Sin embargo, confesar el pecado a los amigos nos da una responsabilidad adicional si estamos luchando por dejar un hábito pecaminoso.

SI CONFESAMOS NUESTROS PECADOS, ÉL ES FIEL Y JUSTO Y
NOS PERDONARÁ NUESTROS PECADOS Y NOS PURIFICARÁ DE
TODA MALDAD.
—1 JUAN 1:9 NIV

CONFESAOS, PUES, MUTUAMENTE VUESTROS PECADOS Y
ORAD UNOS POR OTROS PARA QUE SEÁIS SANADOS. . .
—JAIME 5:16 NIV

SOLICITE SUS NECESIDADES

¿Necesitas que Dios te proporcione sabiduría, paciencia, paz, autocontrol, hijos, marido, relaciones, pensamientos moralmente puros, curación, etc.?

Aplicación a la Vida Diaria

Probablemente hayas oído el viejo cliché: "La familia que oran unida, permanece unida". El método WAR de oración es lo más poderoso que mi familia hace junta. Por la noche, mi marido y yo nos reunimos alrededor de las camas de nuestros hijos y cada uno de nosotros comparte el método WAR de oración. Una noche, mientras mi hijo menor, de 10 años, y yo esperábamos a que el resto de la familia se preparara para ir a la cama, mi corazón estaba tan apesadumbrado por mis fracasos internos del día. Realmente no quería confesar los pensamientos enjuiciadores a los que me había entregado, o la preocupación y la ansiedad. Eran cosas normales con las que todos luchamos a diario e intentamos enseñar a nuestros hijos a no ceder. Mi hijo se dio cuenta de mi distracción y me preguntó si estaba bien.

"Es difícil decir las cosas feas que tengo en el corazón delante de ti", le contesté. Lo que dijo a continuación me cambió:

Pero me hace sentir mejor sobre lo feo que hay en mi corazón cuando oigo que tú también lo tienes". Además, antes de que oremos así contigo y con papá, pensaba que los adultos eran perfectos y lo tenían todo resuelto. No podía esperar a ser mayor para ser perfecta también. Ahora sé que siempre tendremos dificultades, pero cuando confesamos nuestros pecados a Dios delante del otro, ¡me ayuda a dormir mejor por las noches!".

Les aseguro que no hay nada más dulce que escuchar palabras de adoración fluyendo de la boca de sus hijos, sin embargo, ¡escuchar a sus hijos confesar sus luchas al SEÑOR es revelador! Siento que cuando se trata de confesar los fracasos delante de los niños, con demasiada frecuencia los padres sienten que están firmando un permiso para que sus hijos sigan los pasos de su pecado. Le ruego que rechace esta mentira. Recuerde: "Toda la Escritura es inspirada por Dios" (2 Timoteo 3:16). También promete en Proverbios 22:6: "Instruye a tus hijos en el camino que deben seguir, para que cuando crezcan no se aparten de él". No creo que Dios esté hablando aquí de la asistencia a la iglesia, la escuela dominical o una actividad cristiana al azar como la conoce nuestra cultura. Creo que Él está hablando de tu glorioso papel como padre.

La Biblia también nos dice: "Confesemos nuestros pecados unos a otros y oremos unos por otros para que seamos sanados" (Santiago 5:16 NVI). Use discernimiento y palabras apropiadas para su edad cuando confiese el pecado a sus hijos. Por ejemplo, a usted no le gustaría confesarle a su hijo que le gusta un hombre del trabajo o un personaje de un libro que está leyendo, pero sí podría confesarle que lo juzga, que se deja llevar por el miedo, la ira, etcétera. Esto no debe confundirse con que nuestros hijos sean un vertedero de nuestros problemas de adultos: Dios quiere esa tarea. Sin embargo, no retengas esta bendición de aprender a rendir cuentas ante Dios y ante los demás de tus discípulos más importantes.

Confesar los pecados con otros reemplaza la miseria con esperanza porque aprendes que otros están luchando con las mismas cosas como tú. Los secretos oscuros pierden todo su poder cuando son hablados a la Luz. El enemigo desea acorralarte en un rincón aislado para que te sientas perdido y solo. Confesar tus pecados unos a otros traen responsabilidad y ayuda a aquellos en tu grupo a saber cómo estás luchando para que puedan interceder mejor por ti, y tú por ellos. Cuando nos reunimos bajo Dios, con los corazones humillados unos ante otros, ¡es como si Él bajara para unirse específicamente a tu grupo y guiar vuestras oraciones!

"Así, pues, ora:

 Padre nuestro que estás en los cielos, santificado sea Tu Nombre. Venga a nosotros tu Reino. Hágase Tu voluntad en la tierra como en el cielo.

 Y perdónanos nuestras ofensas, como nosotros perdonamos a los que nos ofenden

 Y no nos dejes caer en la tentación, mas líbranos del maligno. Tuyo es el reino, el poder y la gloria por los siglos de los siglos. Amén".

—Mateo 6:9-10, 12-13 NKJV

LEE LOS EJEMPLOS DE ORACION DE GUERRA EN LA PAGINA SIGUIENTE.

Estos ejemplos se proporcionan para ayudarte a ganar confianza para hablar en voz alta a tu Padre Celestial, el único Increado.

EJEMPLOS DE ORACIONES DE GUERRA

ADORACIÓN EN ORACIÓN—ALABAR, AGRADECER, ESCUCHAR

Jesús, Tú eres el amado de mi alma. Te doy alabanza, honor y gloria. Alabo tu nombre por quien eres y te doy gracias por serme fiel. Gracias porque moriste por mí y me elegiste para ser una de tus queridas hijas. ¡Te amo!

Gracias por no abandonarme nunca, por amarme siempre y por proveer para mí. Te adoro a Ti, y sólo a Ti. Que se haga Tu voluntad en mi vida. Gracias por salvar me, por redimirme y por hacerme un lugar en Tu Reino.

ADMITIR - CONFESAR EL PECADO Y PEDIR PERDÓN A DIOS

Señor, admito que he luchado mucho y te pido perdón por_____
_____. Perdóname por mis actitudes hacia
o sobre, _____. Padre, perdóname por haberme
enfadado tanto por _____
_____.

Te pido perdón por la preocupación, el miedo, la impaciencia, el orgullo, la falta de perdón contra _____
_____.

Padre Celestial, ¿hay algo que quieras decirme? Te escucho.

REQUEST - BRINGING MY NEEDS BEFORE THE THRONE OF GOD

Padre te ruego que me fortalezcas en las áreas de_____. .Señor,
te ruego por mi esposo y te pido_____. Señor,
te ruego por mis hijos y te pido_____.

Dame paciencia y sabiduría Señor, mientras_____.
Jesús, te ruego por mis necesidades (las necesidades de los demás) en el área de
_____.Rezo por la gente que me
rodea y no te conoce. Rezo por _____. Padre, condúceme a una intimidad más profunda contigo, sólo a Ti espera mi alma. Te escucho.

Comenzaremos a orar en voz alta juntos como grupo al final de esta reunión. Sentirse nervioso o inadecuado es normal la primera vez que se ora en voz alta. Si lo necesitas, lee los ejemplos que te ofrecemos. Háblale a Dios como si fuera tu amigo favorito. Él ya sabe todo lo que hay en tu corazón y ha estado esperando ansiosamente esta conversación. Él te ama profunda y completamente. No lo sorprendas, lo escandalices o lo decepciones con nada de lo que digas. Él es Dios- nuestro amoroso, perdonador, Padre Celestial, ¡Él puede y lo manejará!

En cuanto a todos los miembros del grupo, recuerden el compromiso de confidencialidad que firmaron en la Lección 1. Esto es muy importante para el camino que tenemos por delante. Las cosas personales que se hablen de los otros miembros de tu grupo simplemente no está bien repetirlas. Por favor, respeta este acuerdo y eleva a los miembros de tu grupo en oración.

EL QUE ANDA DE CHISMOSO REVELA SECRETOS; POR TANTO,
NO TE JUNTES CON UN CHISMOSO
[QUE HABLA LIBREMENTE O ADULA].
—PROVERBIOS 20:19 AMP

¿Cómo te hace sentir saber que confesando tus pecados delante de los demás puede ayudar a sacarlos de las tinieblas?

Si eres madre o cuidadora, ¿qué opinas de orar el método WAR de oración con tus hijos? Anota tus sentimientos y prepárate para hablarlo con el grupo.

Medita en el siguiente versículo utilizando los métodos de meditación que se indican a continuación.

POR NADA ESTÉIS AFANOSOS, SINO SEAN CONOCIDAS
VUESTRAS PETICIONES DELANTE DE DIOS EN TODA ORACIÓN
Y RUEGO, CON ACCIÓN DE GRACIAS. Y LA PAZ DE DIOS, QUE
SOBREPASA TODO ENTENDIMIENTO, GUARDARÁ VUESTROS
CORAZONES Y VUESTROS PENSAMIENTOS EN CRISTO JESÚS.
—FILIPENSES 4:6-7 NIV

PONGA ENFASIS en diferentes palabras en Filipenses 4:6-7. Utilice un diccionario, un tesauro o una concordancia fuerte para ampliar su comprensión de estas palabras.

- Cualquier cosa

- Todo

- Oración

- Petición

- Paz

- Trasciende

- Comprender

¿Hay alguna HAGA PREGUNTA en el versículo? Si es así, enuméralas a continuación.

Utilizando las notas anteriores, REESCRITE Filipenses 4:6-7 con tus propias palabras

---

ENFATIZAR:
Palabras diferentes

HAGA PREGUNTAS

- ¿Una orden para obedecer?
- ¿Hay alguna promesa que reclamar?
- ¿Hay que evitar algún pecado?
- ¿Has aprendido algo nuevo sobre Dios?

REESCRIBIR:
En sus propias palabras

PRACTICAR JUNTOS EL METODO DE ORACION DE LA GUERRA

Termina la reunión volviendo a la página 78. En grupo, practiquen el método WAR de oración. Recuerda que puedes leer los ejemplos si es necesario. Cada persona puede turnarse para compartir unas palabras de Adoración, seguidas de un tiempo para Admitir el pecado, y luego envolverse con sus Peticiones.

Repaso

1. Aprende a orar la voluntad del Padre mientras empiezas a ver la oración como una conversación bidireccional entre tú y Dios.

2. La oración es hermosa para Dios. Tanto si llevas años orando como si acabas de aprender a hacerlo, lo que ahora te puede parecer extraño y torpe puede convertirse en uno de los momentos más preciosos y jubilosos de tu vida.

3. Dios quiere que nos despojemos de todo temor, preocupación y necesidad que tengamos. Él quiere responder a tus oraciones, llevar tus cargas y llenarte de Su paz. Acuérdate de practicar de escuchar de El, más tiempo del que realmente oras.

4. Mientras las demás mujeres rezan, de escuchar de El "vocecita apacible" que guía tu oración.

Principales Conclusiones

¿Qué ha aprendido de esta lección?

Antes de su Próxima Reunión

1. Trate de tener un Tiempo de Silencio por lo menos cuatro veces esta semana usando el formato de Tiempo de Silencio mientras completa la Lección 6. Prepárate para compartir un Tiempo de Silencio con el resto del grupo.

2. Repasa las diferentes formas de meditar en las Escrituras en la Lección 3 en las páginas 42-46.

3. Ven preparado, después de haber terminado la lección 6. Lee la lección con un bolígrafo en la mano para marcar los pasajes y anotar tus ideas.

4. Memoriza Filipenses 4:8 mientras trabajas en la Lección 6.

Notas

Notas

La Belleza de La Rectitud

PUNTO CLAVE

Ser un amante de Dios, un estudiante de la Palabra, y luego mantener Su Palabra escrita en nuestros corazones nos ayuda a identificar el pecado y la inrectitud en nuestras vidas.

POR QUÉ ES IMPORTANTE

Nos parecemos más a Jesús y menos al mundo.

CÓMO APLICARLO

A través de la práctica de tener un Tiempo de Silencio diario, permitimos que la Palabra de Dios analice nuestros corazones y nos limpie de la inrectitud mientras permitimos que el Espíritu Santo nos guíe al arrepentimiento.

ECCION 6

La Belleza de la Rectitud

VERSÍCULOS PARA MEMORIZAR

Filipenses 4:8 (Escribe tu versículo para memorizar en el espacio de abajo.)

VERSÍCULOS PARA EL TIEMPO DE SILENCIO

Filipenses 4:6-9; Proverbios 21:21-24; 1 Pedro 2:1-10; 2 Timoteo 2:14-25 ; Tito 2:1-15; Isaías 32:16-20; Efesios 3:14-21

*Complete la Lección 6 y trate de tener de cuatro a siete Tiempos de Silencio Antes de su proxima reunion. Los versículos proporcionados arriba son para Tiempos de Silencio adicionales **después de haber completado esta lección**. Para asegurarse de que está utilizando el versículo en el contexto correcto, asegúrese de leer varios versículos antes y después del pasaje o pasajes sugeridos para el Tiempo de Silencio.*

PUNTO CLAVE

Ser un amante de Dios, un estudiante de la Palabra, y luego mantener Su Palabra escrita en nuestros corazones nos ayuda a identificar el pecado y la inrectitud en nuestras vidas.

POR QUÉ ES IMPORTANTE

Nos parecemos más a Jesús y menos al mundo.

CÓMO APLICARLO

A través de la práctica de tener un Tiempo de Silencio diario, permitimos que la Palabra de Dios analizará nuestros corazones y nos limpiará de la inrectitud cuando permitamos que el Espíritu Santo nos guíe al arrepentimiento.

Notas del Líder:

- ORA por tu grupo y pide al Espíritu Santo que busque los corazones y las mentes de los miembros del grupo y los convenza de pecado e inrectitud, conduciéndolos al arrepentimiento y al perdón, y a la libertad para vivir una vida santa.

- Si un miembro del grupo tiene que faltar, lo que hace que el grupo se quede más de dos semanas en una lección, busque un momento para reunirse con él a solas o por teléfono para que el grupo pueda seguir avanzando.

- Mantente fiel a la enseñanza de la Palabra, ¡dejando que el Espíritu Santo haga el trabajo duro!

- Destaca una o dos preguntas de la lección para debatirlas en grupo, permitiendo que cada persona comparta una respuesta. Como referencia rápida, escribe a continuación los números de página de las preguntas que hayas elegido para discusion.

Navegar por el Tiempo en Grupo

- Dedica 10-15 minutos a la adoración.

- Cuando el tiempo de adoración llega a su fin, el líder debe iniciar el método WAR de oración.

- Escriba un resumen rápido de la Lección 6 en el espacio siguiente para compartirlo con el grupo

- Pide a cada uno que comparta lo que ha aprendido al final de la lección. Pide a cada persona que comparta un momento de silencio.

- Deje tiempo para que cada persona comparta una respuesta de las preguntas que el líder ha destacado (1-2 preguntas).

- Repase la sección "El fruto de la rectitud" y cada versículo que representa cada fruto.

- Repasa la sección "La belleza y la libertad en la rectitud".

- Lea las secciones: "Repaso" y "Antes de la próxima reunión".

- Divídanse en parejas y reciten sus versículos. Animaos a ser precisos, ya que la Palabra es nuestra mejor arma.

- Recuerda a todos que deben firmar el registro del curso de cada uno en la parte posterior del libro.

LECCION 6

La Belleza de la Rectitud

VERSÍCULOS PARA MEMORIZAR

Filipenses 4:8 (Escribe tu versículo para memorizar en el espacio de abajo.)

VERSÍCULOS PARA EL TIEMPO DE SILENCIO

Filipenses 4:6-9; Proverbios 21:21-24; 1 Pedro 2:1-10; 2 Timoteo 2:14-25 ; Tito 2:1-15; Isaías 32:16-20; Efesios 3:14-21

*Complete la Lección 6 y trate de tener de cuatro a siete Tiempos de Silencio Antes de su proxima reunion. Los versículos proporcionados arriba son para Tiempos de Silencio adicionales **después de haber completado esta lección**. Para asegurarse de que está utilizando el versículo en el contexto correcto, asegúrese de leer varios versículos antes y después del pasaje o pasajes sugeridos para el Tiempo de Silencio.*

PUNTO CLAVE

Ser un amante de Dios, un estudiante de la Palabra, y luego mantener Su Palabra escrita en nuestros corazones nos ayuda a identificar el pecado y la inrectitud en nuestras vidas.

POR QUÉ ES IMPORTANTE

Nos parecemos más a Jesús y menos al mundo.

CÓMO APLICARLO

A través de la práctica de tener un Tiempo de Silencio diario, permitimos que la Palabra de Dios analizará nuestros corazones y nos limpiará de la inrectitud cuando permitamos que el Espíritu Santo nos guíe al arrepentimiento.

Notas del Participante

Esta semana mientras trabajas en la lección ORA por tus compañeros de grupo para permitir que el Espíritu Santo convenza sus corazones sobre la belleza de la rectitud y por qué debemos modelar el carácter de Jesús. Espere que la guerra espiritual aumente cuando empiece a proponerse tiempo a solas con Jesús.

Si te sientes abrumado o ansioso, ¡pide apoyo al grupo! ¡No eres una carga para tu grupo! Recibe de ellos el mismo apoyo que tú les darías a ellos. Completa esta lección antes de tu próxima reunión.

Asegúrate de responder a las preguntas marcadas con una burbuja de discusión y prepárate para compartir tus respuestas con el grupo. Es importante que recuerdes que no hay respuestas incorrectas a las preguntas a lo largo de las lecciones porque son tus pensamientos, ¡así que sé libre en cómo respondes!

No tengas miedo de esperar en silencio durante el tiempo de oración del método WAR del grupo. Es bueno practicar la espera en el Señor. No sientas que tienes que llenar el silencio con palabras. Sólo espera el pensamiento o el recordatorio de lo que está en tu corazón para orar, y simplemente habla con Jesús.

Ten cuidado de rechazar las mentiras que susurran cosas como: "tus palabras son suficientemente buenas" o "la gente pensará que tu oración es tonta". Lo más probable es que todo el mundo tenga algún nivel de inseguridad o timidez al empezar. Ayuda a animar a los que te rodean siendo audaz, transparente y vulnerable ante ellos y ante el Señor con tu oración verbal.

El tiempo de adoración durante el tiempo de grupo se proporciona para que usted venga completamente presente ante el Señor, especialmente si usted ha tenido un día ocupado. No hay una manera incorrecta de adorar a Jesús, ya sea que te sientes en silencio, te acuestes en el suelo, bailes, te arrodilles o levantes los brazos. Este es un lugar seguro para dar gracias por todo lo que Él ha hecho por ti, ¡sea como sea!

La Belleza de la Rectitud

a popular revista laica femenina "Marie Claire" realizó una encuesta entre 3,000 de sus lectoras. Un asombroso 90% de las encuestadas afirmaron ver pornografía en sus smartphones: teléfonos inteligentes u ordenadores portátiles al menos una vez al mes, algunos diarios. Era una encuesta entre mujeres, no entre hombres. ¿Cómo hemos llegado hasta aquí? Como todo lo que hace el enemigo, entra como un lobo con piel de cordero; es ese lento desvanecimiento que hace tan bien.

Recuerdo cuando era pequeña y veía la escena de amor en la exitosa película "Top Gun". Esa fue probablemente la primera prueba que puedo recordar de que el fundido había comenzado en mi vida. ¿Qué podría ser más inocente que una película de éxito de los 80 con una escena de amor tórrida? Lo has adivinado, novelas románticas modernas. Veamos cómo se traza el plan de ataque del lobo.

PENSAR

Ann anhela más intimidad y romanticismo en su matrimonio, pero su marido no es muy "susceptible" y, además, siempre está cansado cuando llega a casa. Así que decide comprar una de esas novelas románticas tórridas con una damisela con un corpiño escotado... perdón, quiero decir en apuros, en la portada. Piensa que así se le quitará el apetito y no tendrá que regañar a su marido todo el tiempo para que le preste atención.

CREER

A mitad del desgarrador del corpiño, Ann cree que merece más de su matrimonio. Ella cree que merece un romance apasionante durante la pausa para el almuerzo de 30 minutos del jueves de su marido, en lugar de su habitual parada en McDonald's antes de regresar a su trabajo de plomería. Cuando esto no sucede, comienza a creer que a su marido le falta algo, que no está a la altura y que no se preocupa por ella como John Doe se preocupa por su amante en la novela. Ni siquiera se da cuenta de que ha cruzado a territorio enemigo.

Los estándares de Ann han bajado un poco más; después de todo, ha decidido que su marido ni siquiera se fija en ella. Ahora, en lugar del desgarrador de corpiños del pasillo del supermercado, busca algo con emoción y escenas de sexo candentes para apaciguar su imaginación.

> **PERO YO OS DIGO QUE CUALQUIERA QUE MIRA...**
> **CON INTENCIÓN LUJURIOSA YA HA COMETIDO**
> **ADULTERIO EN SU CORAZÓN.**
> **—MATEO 5:28 NIV**

ACTUAR Y HABLAR

Ahora, Ann se encuentra enfadada con su marido todo el tiempo. Ya no le interesa tener relaciones sexuales con él, porque ha descubierto que un buen libro y su imaginación es todo lo que necesita. Ignora las llamadas de su marido y murmura un "gracias" por las flores y la bonita tarjeta que le trajo a casa el otro día. Empieza a mirar abiertamente a hombres atractivos en público e incluso hace comentarios sobre cómo desearía haberse casado con el cantante de música country de moda delante de su marido y de los demás.

Este escenario es un lento desvanecimiento y un gran paso para alejarse de una vida, pensamiento, actuar y hablar correctamente en el matrimonio. Lo que pensamos, lo creemos, y lo que creemos, se refleja en cómo hablamos y actuamos (ver Mateo 15:11).

Elegí esta historia porque mientras que la lucha de los hombres con la inmoralidad sexual y la pornografía está siendo expuesta, las mujeres se esconden en la sombra gigante de los hombres de la vergüenza proyectada por este pecado. La lucha de las mujeres con la pureza sexual y la pornografía es un secreto feo, oscuro y reprimido que no puede permitirse el lujo de ser ignorado. Si esta historia te resulta familiar, recuerda que los secretos oscuros pierden su poder cuando se hablan a la luz. Primero, confiesa tu lucha a Dios. Él no te condenará ni te juzgará. Jesús vino para liberarnos. Para obtener completamente la libertad y ser sanado de esto, cree en la Palabra de Dios en Santiago 5:16, encuentra a alguien con quien puedas hablar y confesarle tus pecados, para que ore por ti.

Ser un amante de Dios, un estudiante de la Palabra, y luego mantener Su Palabra escrita en nuestros corazones, nos ayuda a identificar el pecado y la in rectitud en nuestras vidas. Arrepentimiento es igual a inocencia ante Dios, haciendolo la raíz de la rectitud. Para comenzar tu camino de encontrar tu belleza en la rectitud, primero debes limpiar tu corazón. La Escritura es la lámpara para nuestros pies en el camino oscuro del mundo, y el Espíritu Santo es el combustible o aceite para esa lámpara. El habla las verdades profundas de la Palabra de Dios en nuestro corazón, para ayudarnos a vencer la oscuridad del mundo. Luego, cuando limpias tu corazon del pecado de toda la vida o habitual, tienes que dar tiempo para que los viejos habitos de ese pecado mueran o sean reescritos.

El Fruto de la Rectitud

El fruto del Espíritu define la rectitud. Crecemos en rectitud al pasar tiempo a solas con Dios, porque crecemos en el conocimiento de corazón de Él en vez del conocimiento de cabeza. Pero cuando nos detenemos en cosas menores, como las novelas románticas y otras cosas similares, nos perdemos la historia de amor más grande de todas: la nuestra con Dios.

Hoy en día, cuando vemos la palabra "rectitud" nuestra mente nos dice inmediatamente que esta palabra significa reglas duras y rápidas y la renuncia a la felicidad y la diversión. Puede que implique ser una de esas mujeres "de iglesia" que no gustan a nadie o alcanzar algo que nunca podremos ser, así que ¿para qué intentarlo? Y además, ¿no ha intentado el mundo convencernos de que las chicas malas se divierten más? La verdad es que todo eso son mentiras. La belleza y la libertad que el don de la rectitud trae a nuestras vidas es inconmensurable; por eso el enemigo trabaja tan duro para desacreditarlo.

La mayoría de nosotros hemos experimentado por lo menos una temporada de seguir algo que el mundo dijo que traería libertad. Esa temporada en mi propia vida me llevó a una espiral descendente tan empinada de la que no hubiera podido recuperarme, si no fuera por el amor y la gracia de mi Padre Celestial.

Sabiendo lo que has aprendido hasta ahora acerca del Padre, oro para que los ojos de tu corazón se abran a la belleza y libertad de la rectitud.

Lee la explicación sugerida para cada palabra en las páginas 94-96, y luego escribe el pasaje de la Escritura debajo de la explicación. Luego, piensa en Jesús y en cómo cada uno de estos pasajes revela Su carácter. Así es como Él te responde - su corazón por ti- a pesar de las mentiras que puedas escuchar. Pienso en mis niños cuando eran pequeños y cómo incluso cuando se portaban mal, llegaban a entender que su comportamiento no cambiaba mi amor por ellos. Esto hizo crecer la confianza y el carácter de mis hijos. Llegaron a creer que incluso cuando hacían errores, ¡lo superaríamos juntos y todo iría bien! Este es el precedente que Dios sienta al decirnos quién es Él y cómo nos responde. El fruto del Espíritu es un regalo para nosotros del corazón de nuestro Padre.

Mientras escribes los pasajes de cada fruto del Espíritu, busca el don que Dios te ha dado. Cuando encuentres una, anótala debajo del pasaje que has escrito y cualquier otra idea que puedas tener..

- *Amor* *Preocupación paciente y sacrificada por los demás por encima de uno mismof*
  Juan 3:16

- *Alegria* *La Felicidad dada por Dios que florece incluso en tiempos difíciles*
  Santiago 1:2-3

- *Paz* *La ausencia de preocupaciones*
  Filipenses 4:6-7

- *Sufrimiento* *Paciencia en la traición o la decepción profunda*
  1 Timoteo 1:16

- *Bondad* Amabilidad con los menos capaces o dar sin esperar nada a cambio
  Lucas 6:35

- *Bienestar* Anteponer el bienestar de los demás al propio
  Marcos 10:18

- *Fidelidad* Compromiso en el mundo físicamente invisible sin dudar
  Hebreos 11:1

- *Gentileza* Cualidad del carácter que se manifiesta en la forma de tratar a los demás
  1 Cor. 13:4-5

• *Autocontrol* *Capacidad de dominar las propias pasiones y deseos.*
Tito 2:11-12

Belleza y Libertad en la Rectitud

Estudiar el carácter de Dios nos ayuda a aprender cómo es realmente la rectitud: vivir, pensar, hablar y actuar con rectitud. Pero si no sabemos estas cosas, ¿cómo vamos a lograr la rectitud en nuestras vidas? Por eso debemos acudir a la Palabra de Dios. Cultivar una vida de belleza santa es como ser una ciudad sobre una colina. Cuanto más se fertiliza tu corazón con la Palabra de Dios, más cautivador te vuelves para los que te rodean debido a quién irradias. Aquí esta la simple verdad: Las personas son atraídas hacia la rectitud porque fueron creadas por la rectitud.

Jesús era perfectamente justo y en Él no había oscuridad. A medida que lo buscamos más, disminuimos el grado de oscuridad que reside en nosotros. A medida que crecemos en el discernimiento entre la Luz y la oscuridad, o la rectitud y la inrectitud, somos más efectivamente capaces de convertirnos en hacedores de la Palabra, en lugar de meros observadores.

¿Cuál de las características de Dios de las páginas 93-95 te ha llamado más la atención? ¿Por qué?

¿Cuál de ellos crees que es uno de tus puntos fuertes? ¿Cómo te ha ayudado en la vida? Después de escribir tu respuesta, dedica un momento a dar gracias a Dios por haberte dado esa fortaleza.

¿Cuál de estas cualidades te parece un punto débil? ¿Cómo te ha perjudicado esto en la vida? Después de escribir tu respuesta, pídele a Dios que te ayude a fortalecerte en esta área.

¿POR QUÉ LA RECTITUD?

En un mundo como el de hoy, ¿por qué es importante la rectitud y por qué es relevante cuando todo lo que vemos a nuestro alrededor parece ser lo opuesto al plan de Dios para nuestras vidas? La rectitud es tu libretad, hermosa y eterna identidad en Cristo. Cuando lo buscas a través de Su Palabra, cuando oras, cuando clamas a Su Espíritu por guía, cuando crees lo que no puedes ver, cuando le entregas la adicción y las luchas a Él, poniendo toda tu fe en Él y sólo en Él, experimentas una libertad y un gozo que el mundo no puede proveer. Jesús es el que nos dio el don de la libertad espiritual. Es gratis para ti y para mí. Llena tu plato espiritual, tu "ser interior" como se menciona en Efesios 3:16 al estar en comunión con el Espíritu Santo y la Palabra vivificante del SEÑOR. Entonces, ¡el fruto fragante de tu belleza en rectitud penetrar las paredes del cielo!

 ## Repaso

1. La rectitud es algo bueno y de hecho trae libertad en Cristo de nuestra esclavitud espiritual.

2. Cultivar una vida de belleza santa como ser una ciudad sobre una colina. Cuanto más fertilizado esté tu corazón con la Palabra de Dios, más seguro estarás de lo que eres en Cristo.

3. Pide a Dios que te ayude con tus debilidades y dale gracias por tus fortalezas.

4. El fruto del Espíritu es la Belleza Santa.

5.

 ## Principales Conclusiones

¿Qué ha aprendido de esta lección?

 ## Antes de su Próxima Reunión

1. Trate de tener un Tiempo de Silencio por lo menos cuatro veces esta semana usando el formato de Tiempo de Silencio. Prepárate para compartir un Tiempo de Silencio con el resto del grupo.

2. Empieza a memorizar Jeremías 29:11 esta semana.

3. Ven preparado después de haber terminado la lección 7. Lee la lección con un bolígrafo en la mano para marcar los pasajes y anotar tus ideas.

NOTA ESPECIAL: Algunos grupos pueden tener la tentación de abandonar los versículos de las Escrituras para memorizar o la parte del tiempo de silencio del grupo porque parece demasiado difícil o requiere demasiado esfuerzo. Por favor, NO lo hagan. Cada uno de estos elementos son esenciales para para el crecimiento espiritual y la verdadera transformación

Notas

Notas

Profundizar

PUNTO CLAVE

Debemos aprender a caminar tan cerca de Dios y tener niveles tan profundos de intimidad con Él que reconozcamos Su voz y, por fe, hagamos lo que Él dice.

POR QUÉ ES IMPORTANTE

Es importante que seamos capaces de caminar según el diseño que Dios nos ha dado.

CÓMO APLICARLO

Como creyentes, debemos empezar a sentar las bases para aprender a confiar en Dios de manera más profunda.

LECCIÓN 7

Profundizar

VERSÍCULOS PARA MEMORIZAR

Jeremías 29:11 (Escribe tu versículo para memorizar en el espacio de abajo.)

ERSÍCULOS PARA EL TIEMPO DE SILENCIO

Jeremías 29:11-14; 1 Timoteo 2:5-6; Efesios 1:17-21; Salmo 32:8-9 ; Lucas 1:26-.
45; Lucas 24:36-45; Juan 21:4-5

*Complete la Lección 7 y trate de tener de cuatro a siete Tiempos de Silencio Antes de su proxima reunion. Los versículos proporcionados arriba son para Tiempos de Silencio adicionales **después de haber completado esta lección**. Para asegurarse de que está utilizando el versículo en el contexto correcto, asegúrese de leer varios versículos antes y después del pasaje o pasajes sugeridos para el Tiempo de Silencio.*

PUNTO CLAVE

Debemos aprender a caminar tan cerca de Dios y tener niveles tan profundos de intimidad con Él que reconozcamos Su voz y, por fe, hagamos lo que Él dice.

POR QUÉ ES IMPORTANTE

IEs importante que seamos capaces de caminar según el diseño que Dios nos ha dado.

CÓMO APLICARLO

Como creyentes, debemos empezar a sentar las bases para aprender a confiar en Dios de manera más profundas.

Notas del Lider:

- Esta lección puede tardar dos semanas en completarse. Recuerda animar a los miembros de tu grupo a ir despacio y a centrarse en el proceso y no en el resultado final. Utiliza versículos adicionales de las Escrituras de la lección como recursos adicionales para el Tiempo de Silencio, según sea necesario.

- ORA por tu grupo y pídele al Espíritu Santo que ayude a los miembros de tu grupo a estar dispuestos a escuchar a Dios hablar, de la manera que Él elija para comunicarse con ellos.

- El objetivo de esta lección es que nos abramos a Dios para que sea Dios en nuestras vidas, como Él quiera. Esta lección no trata de intentar tener una "experiencia" con Dios, sino de experimentar Su amor y perdón a un nivel más profundo. Asegúrese de reiterar que no estamos tratando de cultivar sueños y visiones, aunque si vienen, ¡alabado sea Dios! Cómo Él elige manifestar Su relación contigo depende de Él. Sólo tienes que estar abierto a Él y a todos sus caminos.

- Mantente fiel a la enseñanza de la Palabra, ¡dejando que el Espíritu Santo haga el trabajo duro!

- Destaca una o dos preguntas de la lección para debatirlas en grupo, permitiendo que cada persona comparta una respuesta. Como referencia rápida, escribe a continuación los números de página de las preguntas que hayas elegido para discusion

Navegar por el Tiempo en Grupo

- Dedica 10-15 minutos a la adoración.

- Cuando el tiempo de adoración llega a su fin, el líder debe iniciar el método WAR de oración.

- Escriba un resumen rápido de la Lección 7 en el espacio siguiente para compartirlo con el grupo.

- Pida a todos que compartan su "Conclusión principal" de la sección de repaso a l final de la Lección 7.

- Haz que cada persona comparta un Tiempo de Silencio.

- Deje tiempo para que cada persona comparta una respuesta de las preguntas que el líder ha destacado (1-2 preguntas).

- Lea las secciones: "Repaso" y "Antes de la próxima reunión".

- Divídanse en parejas y reciten sus versículos. Animaos a ser precisos, ya que la Palabra es nuestra mejor arma.

- Recuerda a todos que deben firmar el registro del curso de cada uno en la parte posterior del libro.

LECCION 7

Profundizar

VERSÍCULOS PARA MEMORIZAR

Jeremías 29:11 (Escribe tu versículo para memorizar en el espacio de abajo.)

VERSÍCULOS PARA EL TIEMPO DE SILENCIO

Jeremías 29:11-14; 1 Timoteo 2:5-6; Efesios 1:17-21; Salmo 32:8-9 ; Lucas 1:26-.
45; Lucas 24:36-45; Juan 21:4-5

*Complete la Lección 7 y trate de tener de cuatro a siete Tiempos de Silencio Antes de su proxima reunion. Los versículos proporcionados arriba son para Tiempos de Silencio adicionales **después de haber completado esta lección.** Para asegurarse de que está utilizando el versículo en el contexto correcto, asegúrese de leer varios versículos antes y después del pasaje o pasajes sugeridos para el Tiempo de Silencio*

PUNTO CLAVE

Debemos aprender a caminar tan cerca de Dios y tener niveles tan profundos de intimidad con Él que reconozcamos Su voz y, por fe, hagamos lo que Él dice.

POR QUÉ ES IMPORTANTE

Es importante que seamos capaces de caminar según el diseño que Dios nos ha dado.

CÓMO APLICARLO

Como creyentes, debemos empezar a sentar las bases para aprender a confiar en Dios de manera más profunda.

Notas del Participante

- Tómate tu tiempo para buscar todas las referencias de las Escrituras. Cuando nos encontremos con temas espirituales que parezcan ponernos a prueba, es imperativo que acudamos a la Palabra y permitamos que el Espíritu Santo nos haga crecer.

- Completa esta lección antes de tu próxima reunión. Asegúrese de responder a las preguntas marcadas con una burbuja de debate 🗨 y prepárate para compartir tus respuestas con el grupo. Es importante recordar que no hay respuestas erróneas a las preguntas a lo largo de las lecciones porque son tus pensamientos, ¡así que sé libre a la hora de responder!

- El objetivo de esta lección es que nos abramos a Dios para que sea Dios en nuestras vidas, como Él quiera. Esta lección no trata de intentar tener una "experiencia" con Dios, sino de experimentar Su amor y perdón a un nivel más profundo. No estamos tratando de cultivar sueños y visiones, aunque si vienen, ¡alabado sea Dios! El objetivo es cultivar una relación más profunda con Dios. Cómo Él decida manifestar la relación entre ustedes depende de Él. Sólo tienes que estar abierto a Él y a todos Sus caminos.

Profundizar

L atoya estaba harta de estar paralizada por la preocupación y la ansiedad. Le había robado demasiados días de disfrutar de sus bebés cuando eran pequeños. Demasiados momentos dulces de su matrimonio se habían perdido por la preocupación por el dinero, y ahora le preocupaba cuándo le daría el siguiente ataque de ansiedad. Había empezado a temer a su propio miedo. La ansiedad llegaba como un ladrón en la noche para robarle la paz y la capacidad de ver el movimiento de Dios en su vida. La mayoría de los días, cuando su marido llegaba a casa del trabajo, ella estaba agotada de intentar esquivar el siguiente ataque. Necesitaba un descanso... no, era más que eso: ¡necesitaba escapar de su propia mente!

Siguiendo el consejo de sus amigos, Latoya había ido al médico y había empezado a tomar medicación para controlar sus emociones. Sin embargo, empezó a darse cuenta de que su capacidad para gestionar sus miedos no parecía desaparecer y, antes de que se diera cuenta, su médico le había aumentado la dosis. Un día, su marido la llamó para decirle que había tenido un accidente de coche y que, afortunadamente, nadie había resultado herido. Temía decírselo, pues sabía que podría sufrir un ataque de ansiedad y que él no estaría allí para ayudar a calmarla.

Las manos de Latoya temblaban incontrolablemente mientras su marido la consolaba por teléfono, intentando calmar su preocupación y sus nervios alterados. Sentía al ladrón en la puerta, listo para irrumpir y apoderarse de cualquier pensamiento racional que intentara ganar terreno. Miró la receta de urgencia que tenía sobre el mostrador para un momento como aquel. Abrumada, débil y derrotada, cogió el medicamento. La ira se apoderó de ella cuando sus dedos se cerraron en torno al frasco. Ella era más fuerte. ¿Dónde había quedado su fe? Tiró el frasco contra la pared y cayó de rodillas, sollozando y pidiendo a Dios que la liberara.

Mirando hacia atrás, Latoya dice que ahora le entristece darse cuenta de lo sorprendida que estaba de que Dios respondiera a su grito tan rápidamente. Dos horas después de su grito de ayuda, Latoya había recibido una llamada de una amiga de la iglesia que estaba empezando un curso sobre cómo profundizar en Jesús a través de los Tiempos de Silencio y la oración. La amiga había orado para que Dios le enviara otras mujeres para hacer el curso con ella, y Latoya fue la primera persona que Él trajo a su mente. Latoya tenía un horario regular de lectura de la Biblia y oración, pero no podía negar el sentimiento de querer más. Pero no sabía cómo conseguirlo.

Latoya se unió al grupo y se vinculó rápidamente con las mujeres mientras aprendían a buscar a Dios a través de los Tiempos de Silencio y a orar juntas en voz alta. Adoraron y confesaron sus pecados unas a otras, volviéndose inocentes ante su Padre Celestial y quitando todos los puntos de apoyo del enemigo. Compartieron las revelaciones que Dios les había dado durante sus Tiempos de Silencio y se animaron mutuamente. Aunque cada mujer pensaba que su testimonio estaba completo el día de su salvación, empezaron a ver que Dios no había terminado de escribir sus historias. En realidad, ¡Él estaba empezando!

A través de este tiempo uno-a-uno con EL, Dios le mostró a Latoya que El no solo quería arroparla con El en la eternidad, El también quería vendar su corazón roto, y liberarla. ¡Oh cómo Latoya había anhelado por años ser libre de este ladrón llamado "Miedo"! Este tormento parecía estar esperando más allá de las sombras su próximo momento de debilidad. Afortunadamente, ¡no era rival para Jesús!

En vez de preocuparse, Latoya encontró su mente regresando a sus Tiempos de Silencio y a las nuevas verdades espirituales que Dios le había dado. Ella ni siquiera se dio cuenta de que la transformación había comenzado a tener lugar hasta algunos meses después. De repente se dio cuenta de que habían pasado semanas desde que la ansiedad había hecho que su corazón golpeara como una bola de demolición las paredes internas de su cuerpo.

Al meditar en la Palabra de Dios y esconder Su Palabra en su corazón, ÉL estaba reescribiendo sus días con Su pluma. Ella se dio cuenta de que, en lugar de escuchar las preocupaciones debilitantes del enemigo, Dios le estaba dando el recuerdo de Sus verdades de su tiempo a solas con Él. Se sintió animada a permanecer en Su fuerza y su fe continuó creciendo. Debido a que Latoya se había propuesto buscar a Dios con todo su corazón, Él la estaba llevando más profundo, abriendo los oídos de su corazón para que pudiera enfocarse en Él y reclamar la victoria sobre su miedo. Dios la estaba sacando de la prisión que una vez la mantuvo cautiva. A veces, en el momento justo, le venía a la mente la imagen de caminar con Jesús por un hermoso sendero sembrado de flores, y una oleada de calidez y amor la invadía, anulando de inmediato la ansiedad. Él se acercaba a ella, porque ella se había acercado a Él, ¡tal como Él había prometido! Cuando fue consciente de ello, corrió a su diario y se sentó a escribirle a su fiel Padre Celestial una carta de amor y agradecimiento. El miedo había sido reemplazado por el amor perfecto del Padre. Liberarse del miedo ya no era un sueño, sino una realidad.

Alcanzar a Jesús

La intimidad con Cristo es conocerlo, no sólo saber cosas sobre Él (Juan 17:3). Este es un misterio que los mejores seminarios del mundo no pueden enseñar. Encuentras tu identidad en Cristo cuando buscas Su corazón con el tuyo. Nuestro propósito es caminar tan cerca de Jesús, y tener niveles tan profundos de intimidad con Él, que reconozcamos Su voz y, por fe, hagamos lo que Él dice. Profundizar con Dios aumenta nuestra fe y fertilidad espiritual a medida que Su fruto en nuestras vidas se convierte en evidente en cómo empezamos a funcionar en nuestros hogares, lugares de trabajo, iglesias y comunidades. Sin esta relación, nos volvemos espiritualmente anémicos y empezamos a salirnos del diseño que Dios nos ha dado. Al igual que nuestros cuerpos necesitan alimento, nuestros espíritus se nutren de la intimidad con Cristo. Cuando experimentas turbulencia o traición en tu matrimonio, tus hijos se desvían, la enfermedad o la pérdida del trabajo te roban la alegría, es la intimidad con Jesús la que será tu esperanza y tu estancia.

🗨 ¿Es probable que confíes en alguien a quien no conoces? ¿Por qué?

🗨 En esta historia, Latoya estaba cautiva del miedo y la ansiedad. ¿Qué te retiene a ti a menudo?

Al final de nuestra cuerda es donde encontramos a Dios y su misericordia. Ese es el momento en que alcanzamos a Jesús con todo lo que tenemos, como la mujer sangrante del capítulo 5 de Marcos. No fue sólo la fuerza física lo que impulsó a esta mujer a alcanzar y tocar el manto del Mesías. Lo hizo con todo su corazón, ¡alma y mente! A veces las cosas más difíciles de liberarse no son sólo los deseos carnales que enfrentamos. A menudo son patrones de pensamiento erróneos, temores, o la decepción abrumadora de que nosotras como mujeres somos las que mantenemos todo unido-nuestras familias, nuestros hogares, y la vida en general.

¿Qué puede significar para ti poder poner tus cargas a los pies de Jesús y alejarte con fe porque crees en Sus promesas?

Como Habla Dios

Como se mencionó anteriormente, la mayoría de las veces Dios nos habla a través de Su Palabra (ver 2 Timoteo 3:16-17). Sin embargo, la Biblia nos muestra muchas otras maneras en que Él nos habla, sus sirvientes también. Su Espíritu habla sabiduría espiritual en nuestros pensamientos (ver 1 Corintios 2:13,16) a través de imágenes o visiones, (ver Hechos 10:9-11), así como sueños (ver Mateo 1:20-21). Él nos habla a través de otros (ver Proverbios 12:15) y a través de su suave y apacible voz interior (ver 1 Reyes 19:12, Isaías 30:19-21, Hechos 11:12, Hechos 13:2, Hechos 16:7).

NO TENGAS MIEDO, CREE.
—MARCOS 5:36 NIV

Tener oídos para escuchar el ministerio silencioso del Espíritu Santo será tu salvavidas cuando la calamidad golpea. Conocer tu identidad como hija, bien arropada en el corazón de Dios, habla más alto que las mentiras del enemigo.

Una cosa que me preguntan mucho es: "¿Cómo sé si Dios me está hablando?". "¿Debería escuchar una voz audible?". Y, "¿Cómo sé siquiera que es Dios?". No es raro que Dios se comunique con sus hijos a través de las formas que considere necesarias. Sin embargo, si no creemos en las Escrituras o en el poder de Dios, continuamos perdiendo Su llamado. La mayoría de las veces la forma en que el Espíritu de Dios nos habla es a través de Su Palabra no sólo leyéndola, sino meditando en ello y ocultando Sus promesas en nuestro corazón a través de la memorización. Así es como comenzamos a aprender sobre el carácter de Dios. Y conocer Su carácter nos ayuda a discernir cuándo estamos siendo guiados por el Espíritu Santo o no. Además de la voz de Dios, hay algunas otras voces que también nos hablan, como la voz de nuestras emociones, la voz de las personas que nos rodean y la voz de la oscuridad. Aprendemos en 1 Juan que no debemos creer a todo espíritu, sino probarlo. El continúa contándonos cómo. . .

ASÍ PUEDES RECONOCER EL ESPÍRITU DE DIOS:

TODO ESPÍRITU QUE RECONOCE QUE JESUCRISTO HA VENIDO EN CARNE PROCEDE DE DIOS, PERO TODO ESPÍRITU QUE NO RECONOCE A JESÚS NO PROCEDE DE DIOS . . .
—1 JUAN 4:2 NIV

Seguro que se pregunta cómo comprobamos al espíritu. La respuesta es simple. Tenemos una tarea diaria en la que enfocarnos por encima de todo en nuestras vidas, y es amar a Dios con todo nuestro corazón, alma y mente. Comprueba lo que oyes con las Escrituras y cómo encaja con esta pregunta: **¿Me ayudará esto a acercarme más a Jesús?** Si lo que has escuchado te acerca a Jesús, ¡entonces viene del Padre!

¿Alguna vez te has parado a pensar lo fácil que es creer cosas malas de ti mismo, pero cuando alguien te ofrece un cumplido genuino, la mayoría de las veces no sabes cómo recibirlo? Sin embargo, ¡es propio de la naturaleza humana engullir las mentiras del enemigo sobre nuestra falta de autoestima como si fuera el pan de cada día! Escuchar a Dios es muy parecido. Él nos ofrece palabras de amor y aliento. Sus mensajes son para fortalecernos en Él y alejarnos de la muerte. El enemigo nunca se preocupa por lo que es mejor para ti, siempre se trata de sí mismo. Él nunca te animará a pagar la cena de otra persona, ni te proporcionará los recursos para hacerlo. Nunca te dirigirá palabras de afirmación. El enemigo fomenta el aislamiento y el secretismo. Por otro lado, Dios nunca te dirá que no eres adorable o atractivo. Él nunca te tentará con lujuria o engaño, o con cualquier otra cosa, porque Él no tienta a nadie. Tampoco llenará tu corazón de mentiras. Él ama, Él guía, Él protege, y Él perdona - ¡Ése es nuestro Padre en el Cielo!

Parece que, en general, tenemos más fe en escuchar al enemigo que a nuestro propio Padre Celestial que nos creó. Sin fe y la verdad de la Palabra de Dios escondida en nuestros corazones, no crecerán nuestros oídos para escucharlo ni tendremos ojos para ver todas las diferentes maneras en que Él está trabajando en y a través de nuestras vidas. Escuchar de Dios a través de Su Palabra, oración, visiones y sueños no tiene que ser algo extraño para el cristiano común. Estas no son señales milagrosas y maravillas, es simplemente un medio de comunicación del Dios del Universo a Sus amados hijos. Con eso dicho, ¡usted podrá anclar cualquier cosa que escuche del Espíritu Santo con las Escrituras! Así es como sabrás que has escuchado del Señor.

TENGO MUCHO MÁS QUE DECIROS, MÁS DE LO QUE AHORA PODÉIS SOPORTAR. PERO CUANDO ÉL, EL ESPÍRITU DE LA VERDAD VENGA, OS GUIARÁ A TODA LA VERDAD. NO HABLARÁ POR SU CUENTA; HABLARÁ SÓLO LO QUE OIGA, Y OS DIRÁ LO QUE AÚN ESTÁ POR VENIR. ÉL ME DARÁS GLORIA TOMANDO DE LO MÍO Y DÁNDOTELO A CONOCER.
—JUAN 16:12-14 NIV84

ISi tuvieras la oportunidad de hablar con un ser querido que vive peligrosamente y ayudarle a volver a la normalidad, ¿lo harías? ¿O esperarías a que corriera un peligro mortal e intentarías hacer todo lo humanamente posible para llegar hasta él y ponerlo a salvo?

¿Crees que tu Padre Celestial haría lo mismo por ti? ¿Y si Él se ha estado comunicando contigo todo este tiempo, pero tú no tenías oídos para oír? Recordando tu pasado, tómate un momento para pensar en lo que esto podría significar para tu futuro. Dios quiere que estés a salvo; pídele que abra los oídos de tu corazón. Escribe tus pensamientos.

Nos acercamos más a Dios cuando creemos en Su Palabra y en Su Poder. A veces hay partes de las Escrituras, especialmente en el Nuevo Testamento, que nos saltamos o ignoramos porque no entendemos su significado. Hoy, más que nunca, mientras la oscuridad se levanta en el mundo, debemos ser hijos que reconocen la guía de nuestro Padre. Tómese un momento para pedirle a Dios que le ayude con su incredulidad de Su Palabra. Pídale que borre de su mente pensamientos erróneos y enseñanzas de Su Palabra y que le ayude a comprender Sus Verdades. Esto puede requerir más fe y valor de lo que usted cree. Escriba cualquier pensamiento que tenga.

ENFATIZAR:

Palabras diferentes

HAGA PREGUNTAS:

- ¿Una orden para obedecer?
- ¿Hay alguna promesa que reclamar?
- ¿Hay que evitar algún pecado?
- ¿Has aprendido algo nuevo sobre Dios?

REESCRIBE:

En sus propias palabras

Aprendiendo a Escuchar

PROFUNDIZANDO CON LAS HAGA PREGUNTAS

En la Lección 2, se le presentó la parte de HAGA PREGUNTAR del método del Tiempo de Silencio. Esta vez, en lugar de buscar en las preguntas datos sobre el versículo, vamos a desarrollar esas HAGA PREGUNTAS preguntándole a Jesús cómo podemos aplicar este versículo a nuestras vidas. El propósito no es sólo aprender cosas, ¡sino que el versículo provoque una transformación en nuestros corazones y mentes!!

Usando los versículos de abajo, hazle a Dios las preguntas que siguen, haciendo una pausa para escuchar Su respuesta. Recuerda, Dios te ama profundamente y dejó Su Palabra aquí sólo para ti. Cuando le hagas preguntas, ten fe en que Él te responderá. Debajo de cada versículo encontrarás ejemplos. Ora a través de los ejemplos y anota cualquier cosa que sientas que has oído o sentido. Esto puede parecer un pensamiento, una impresión, un recuerdo; puede que veas una imagen, puede que pienses en una determinada Escritura, o puede que realmente oigas Su voz. Luego ora al Padre lo que sientes que has oído. Recuerda: Esto es práctica. Estás a salvo en la presencia de tu Padre Celestial y no puedes equivocarte. El desea sacarte de la oscuridad y liberarte. Desea comunicarse contigo. Confía en Jesús.

> ## No apagues el fuego del Espíritu; no trates las profecías con desprecio. Pruébalo todo. Aférrate a lo bueno. Evita toda clase de mal.
> ### —1 Tesalonicenses 5:19-22 NIV84

EJEMPLO DE ORACIÓN:

Jesús, hay tantos mandamientos que obedecer en este breve pasaje. Por favor, muéstrame las áreas de mi vida en las que no obedezco estos mandamientos. ¡No quiero apagar el fuego de Tu Espíritu! ¡Quiero que ardas dentro de mí! Muéstrame, Señor, cómo probarlo todo, cómo aferrarme a lo bueno y dejar ir lo malo.

Con los ojos cerrados, permite que Jesús muestre tu mente o hable a tu corazón sobre cómo puedes empezar a obedecer estos mandamientos. Anota todo lo que veas en tu mente o los pensamientos que tengas, y luego ora al Padre.

PORQUE YO SÉ LOS PLANES QUE TENGO PARA VOSOTROS
-DECLARA YAHVEH-, PLANES DE PROSPERAROS Y NO
DE DAÑAROS, PLANES DE DAROS ESPERANZA Y FUTURO.
ENTONCES ME INVOCARÉIS Y VENDRÉIS Y REZADME, Y YO OS
ESCUCHARÉ. ME BUSCARÁS Y ME ENCONTRARÁS CUANDO
ME BUSQUES DE TODO CORAZÓN. SERÉ HALLADO POR TI,
DECLARA EL SEÑOR, Y TE HARÉ VOLVER DEL CAUTIVERIO.
—JEREMÍAS 29:11-14 NIV84

EJEMPLO DE ORACIÓN:

*Jesús, ¿qué promesas quieres que reclame de este versículo? ¿Qué verdad
quieres que envuelva realmente mi corazón?*

Ora: Padre, ¿cómo podría transformar mi vida creer en esta promesa? De nuevo,
escribe cualquier pensamiento o impresión que tengas.

MAESTRO, ¿CUÁL ES EL MAYOR MANDAMIENTO DE LA LEY?
RESPONDIÓ JESÚS AMARÁS AL SEÑOR TU DIOS CON TODO
TU CORAZÓN, CON TODA TU ALMA Y CON TODA TU MENTE'.
ESTE ES EL PRIMERO Y MÁS GRANDE MANDAMIENTO. Y EL
SEGUNDO ES SEMEJANTE: AMA A TU PRÓJIMO COMO A TI
MISMO.
—MATEO 22:36-39 NIV84

EJEMPLO DE ORACIÓN

Jesús, muéstrame cómo aplicar el mandamiento más importante de amarte a mi vida diaria. Muéstrame cómo es esto, Padre.

Ora: Padre, ayúdame a crecer en mi amor por Ti. Ayúdame, Espíritu Santo, a rendir los pensamientos de mi mente y las pasiones de mi corazón y los deseos de mi alma que no son puros.

Prueba estos dos últimos por tu cuenta.

DERRIBAMOS ARGUMENTOS Y TODA PRETENSIÓN QUE SE LEVANTA CONTRA EL CONOCIMIENTO DE DIOS, Y LLEVAMOS CAUTIVO TODO PENSAMIENTO PARA HACERLA OBEDIENTE A CRISTO.
—2 CORINTIOS 10:5 NIV84

ME SACÓ A UN LUGAR ESPACIOSO; EL ME RESCATÓ PORQUE SE DELEITÓ EN MÍ.
—SALMO 18:19 NIV84

Repaso

1. Saber cosas sobre Jesús no es lo mismo que CONOCER a Jesús.

2. Recuerda, la Palabra de Dios SIEMPRE ancla al Espíritu. Prueba lo que oyes con la Palabra y preguntándote: "¿Me ayudará esto a crecer más cerca de Dios?".

3. Toda Palabra de Dios es intachable y digna de confianza!

¿Qué ha aprendido de esta lección?

Antes de su Proxima Reunion

1. Trata de tener un Tiempo de Silencio por lo menos cuatro veces esta semana usando el formato de Tiempo de Silencio. Prepárate para compartir un Tiempo de Silencio con el resto del grupo.

2. Empieza a memorizar **1 Corintios 11:1** esta semana.

3. Ven preparado, después de haber terminado la lección 8. Lee la lección con un bolígrafo en la m a n o para marcar los pasajes y anotar tus ideas.

NOTA ESPECIAL: Ahora es un buen momento para ordenar el Libro 2, Dejar que el Sanador Sane, si aún no lo ha hecho.

Notas

Notas

La Mujer y el Discipulado Hoy

PUNTO CLAVE

Estamos constantemente enseñando a la gente lo que valoramos por la forma en que vivimos. Debemos confesar a Jesús tanto con nuestras acciones como con nuestras palabras.

POR QUÉ ES IMPORTANTE

Al vivir nuestras vidas delante de los demás, ellos son ganados para Cristo por la esperanza que ven en nosotros.

CÓMO APLICARLO

Convirtiéndonos nosotros mismos en discípulos de Jesús.

LECCIÓN 8

La Mujer y el Discipulado Hoy

VERSÍCULOS PARA MEMORIZAR

1 Corintios 11:1 (Escribe tu versículo para memorizar en el espacio de abajo.)

VERSÍCULOS PARA EL TIEMPO DE SILENCIO

1 Corintios 11:1; Efesios 5:1-5; Mateo 28:16-20; Juan 15:2-4; 2 Timoteo 2:1-3; Mateo 19:16-22; Lucas 9:23-24; 1 Corintios 9:1-27

*Complete la Lección 8 y trate de tener de cuatro a siete Tiempos de Silencio Antes de su proxima reunion. Los versículos proporcionados arriba son para Tiempos de Silencio adicionales **después de haber completado esta lección**. Para asegurarse de que está utilizando el versículo en el contexto correcto, asegúrese de leer varios versículos antes y después del pasaje o pasajes sugeridos para el Tiempo de Silencio.*

PUNTO CLAVE

Estamos constantemente enseñando a la gente lo que valoramos por la forma en que vivimos. Debemos confesar a Jesús tanto con nuestras acciones como con nuestras palabras.

POR QUÉ ES IMPORTANTE

Al vivir nuestras vidas delante de los demás, ellos son ganados para Cristo por la esperanza que ven en nosotros.

CÓMO APLICARLO

Convirtiéndonos nosotros mismos en discípulos de Jesús.

Notas del Líder:

- Recuerda animar a los miembros de tu grupo a ir despacio y a centrarse en el proceso y no en el resultado final. Utiliza versículos adicionales de la lección para recursos adicionales de Tiempo de Silencio según sea necesario.

- ORA por tu grupo y pide al Espíritu Santo que guíe a los miembros del grupo a seguir dedicando fielmente tiempo a la Palabra y vivir su fe en Jesús a través de sus acciones e interacciones con los demás.

- Mantente fiel a la enseñanza de la Palabra, ¡dejando que el Espíritu Santo haga el trabajo duro!

- Destaca una o dos preguntas de la lección para debatirlas en grupo, permitiendo que cada persona comparta una respuesta. Como referencia rápida, escribe a continuación los números de página de las preguntas que hayas elegido para discusion.

Navegar por el Tiempo en Grupo

- Dedica entre 15 y 20 minutos de adoracion

- Cuando el tiempo de adoración llega a su fin, el líder debe iniciar el método WAR de oración.

- Escriba un resumen rápido de la Lección 8 en el espacio siguiente. Compártalo con el grupo para comenzar la lección una vez finalizado el tiempo de oración.

- Pide a cada uno que comparta lo que ha aprendido al final de la lección. Pide a cada persona que comparta un momento de silencio.

- Pida a cada persona que comparta una respuesta de las preguntas que el líder ha destacado (1-2 preguntas).

- Lea las secciones: "Repaso" y "Antes de la próxima reunión".

- Divídanse en parejas y reciten sus versículos. Animaos a ser precisos, ya que la Palabra es nuestra mejor arma.

- Recuerda a todos que deben firmar el registro del curso de cada uno en la parte posterior del libro.

LECCIÓN 8

La Mujer y el Discipulado Hoy

VERSÍCULOS PARA MEMORIZAR

1 Corintios 11:1 (Escribe tu versículo para memorizar en el espacio de abajo.)

VERSÍCULOS PARA EL TIEMPO DE SILENCIO

1 Corintios 11:1; Efesios 5:1-5; Mateo 28:16-20; Juan 15:2-4; 2 Timoteo
2:1-3; Mateo 19:16-22; Lucas 9:23-24; 1 Corintios 9:1-27

*Complete la Lección 8 y trate de tener de cuatro a siete Tiempos de Silencio Antes
de su proxima reunion. Los versículos proporcionados arriba son para Tiempos de
Silencio adicionales **después de haber completado esta lección**. Para asegurarse
de que está utilizando el versículo en el contexto correcto, asegúrese de leer varios
versículos antes y después del pasaje o pasajes sugeridos para el Tiempo de Silencio.*

PUNTO CLAVE

Estamos constantemente enseñando a la gente lo que valoramos por la forma en
que vivimos. Debemos confesar a Jesús tanto con nuestras acciones como con
nuestras palabras.

POR QUÉ ES IMPORTANTE

Al vivir nuestras vidas delante de los demás, ellos son ganados para Cristo por la
esperanza que ven en nosotros.

CÓMO APLICARLO

Convirtiéndonos nosotros mismos en discípulos de Jesús.

Notas del Participante

- Esta semana, mientras trabajas en la lección, ORA por tus compañeros de grupo para permitir que el Espíritu Santo convenza sus corazones sobre la belleza de la rectitud y por qué debemos modelar el carácter de Jesús.

- Completa esta lección antes de tu próxima reunión. Asegúrese de responder a las preguntas marcadas con una burbuja de debate ⬚ y prepárate para compartir tus respuestas con el grupo. Es importante recordar que no hay respuestas erróneas a las preguntas a lo largo de las lecciones porque son tus pensamientos, ¡así que sé libre a la hora de responder!

- No se deje aislar por el enemigo. Propóngase en contacto con su grupo a través de mensajes de texto o llamadas telefónicas entre reuniones.

- El tiempo de adoración durante la reunión del grupo se proporciona para que usted venga completamente presente ante el Señor, especialmente si usted ha tenido un día ocupado. No hay una manera incorrecta de adorar a Jesús-ya sea que te sientes en silencio, te recuestes en el suelo, baila, arrodíllate o levanta los brazos. Este es un lugar seguro para dar gracias por todo lo que Él ha hecho por ti, ¡sea como sea!

En la Brecha

Margo adoraba pasársela bien. Siempre era el alma de la fiesta. Por lo que ella misma contaba, no era "perfecta" ni mucho menos. Maldijo un poco, bebia un poco y salia mucho. Podía relacionarse con casi todo el mundo y le encantaba hacer reír a la gente. Margo participaba activamente en la iglesia e incluso ayudaba en las clases de los niños los domingos.

Una noche, mientras tomaba unas copas con unos amigos del trabajo, tropezaron con el tema de la religión. En estado de embriada, sus amigos empezaron a discutir sobre religión y sobre cómo no creían en la Biblia. Margo, que se sentía a la defensiva, habló y dijo que iba a la iglesia y que era seguidora de Jesús.

Para su sorpresa, ¡se rieron a carcajadas! Este no era el tipo de risa que Margo disfrutaba.

"De ninguna manera vas a la iglesia", gritaron.

Margo, que aún no sentía todos los efectos del alcohol, sintió el calor que abrasaba sus mejillas cuando la vergüenza y el bochorno hicieron su llegada a su rostro.

Se sintió como un fraude. Quería discutir con ellos, pero al ver las decisiones que había tomado, ¿cómo iba a hacerlo? Muchas de sus acciones reflejaban una vida alejada de Dios.

El lenguaje y las elecciones que marcaban su personalidad eclipsaban su identidad en Cristo. Sus amigos no la reconocían como seguidora de Jesús: era igual que los demás. Desconsolada, pagó la cuenta y se fue a casa.

Más tarde, Margo volvió a mirar las fotos que había publicado en las redes sociales en las que aparecía en el bar. La mujer que la miraba no tenía nada de divina.

¿Era ella alguien a quien esas personas acudirían en busca de ayuda cuando se sintieran perdidas y necesitaran que se les indicara el camino hacia la Luz? ¿O sólo estaba permitiendo su sufrimiento y su dolor? ¿Se interponía en la brecha como puente hacia la libertad de los perdidos o la hacía más ancha y difícil de cruzar? Oro, pidió perdón a Dios por su ceguera y le pidió ayuda.

Se le ocurrió buscar a una amiga que fuera madura en su caminar con Dios para que la discipulara; para que caminara con ella y le demostrara cómo encontrar la alegría en la rectitud. En los meses siguientes, Margo aprendió que, pasando tiempo a solas con Dios, no tenía que adornarse con labios altivos, ropa provocativa o un estado de ánimo alterado para gustar. Siempre supo que Dios la amaba, ¡pero nunca se dio cuenta de que Él podía deleitarse en ella! Ella quería ser reconocida como alguien que amaba y seguía a Jesús por sus acciones, antes de tener la oportunidad de confesarlo con su boca.

Por que es Importante el Discipulado

¿DISCÍPULOS DE UNO MISMO O DE JESÚS?

Estamos constantemente enseñando a la gente lo que valoramos por cómo vivimos. Confesar a Jesús con nuestras acciones es tan importante como confesar nuestra fe y amor por Él con nuestras bocas. . . ¡si no más!

El capítulo octavo del Evangelio de Lucas nos muestra que, aunque la sociedad no permitía que las mujeres tuvieran voz en la época en que Jesús y los Doce discípulos caminaron sobre la tierra, queda claro en toda la Biblia que las mujeres desempeñaron un papel vital en la Misión de Jesús. Las mujeres de aquella época mostraban su amor a Jesús con sus acciones. Y aunque, afortunadamente, hoy las mujeres pueden levantarse y hablar en cualquier plataforma que elijan, Jesús dijo: "Todos sabrán que sois mis discípulos si os amáis unos a otros."

Hicieron algo mucho más desafiante y eficaz que predicar sobre el amor: ¡lo vivieron!

Estas mujeres habían sido testigos del poder de Dios y habían creído, ya que Jesús las había curado de espíritus malignos y enfermedades. No puedo imaginar el deseo que las mujeres debieron sentir que debían cuidar y proveer a Jesús, el que las había liberado de sus aflicciones. Éste era el papel de las mujeres que viajaban con Él. Abrieron sus casas y mantuvieron a Jesús y a los doce discípulos con sus propios medios y bienes personales (véase Lucas 8:3). Permanecieron fieles a Jesús durante y después de la crucifixión, estuvieron cerca de la Cruz y fueron los primeros en descubrir que faltaba Su cuerpo de la tumba. Y según

Mateo, Lucas y Juan, ¡fue una mujer la primera en llevar al mundo la Buena Noticias de la Resurrección!

CUANDO JESÚS SE LEVANTÓ TEMPRANO EL PRIMER DÍA DE LA SEMANA, SE APARECIÓ PRIMERO A MARÍA MAGDALENA, DE QUIEN HABÍA EXPULSADO SIETE DEMONIOS. ELLA FUE A CONTÁRSELO A LOS QUE HABÍAN ESTADO CON ÉL Y ESTABAN DE LUTO Y LLORANDO. CUANDO OYERON QUE JESÚS ESTABA VIVO Y QUE ELLA LO HABÍA VISTO, NO SE LO CREÍAN
—MARCOS 16:9-11 NIV84

La historia ha demostrado lo que la Biblia -la Palabra viva de Dios- ha gritado desde el principio: Que no nos alejaremos de los deseos del mundo hasta que experimentemos algo mejor-un mayor poder y esperanza-una verdadera relación con nuestro Salvador-intimidad con Jesús. Sólo conocer los hechos sobre Jesús lo mantiene cerebral. La verdad es que Él debe penetrar en tu corazón. . . "He aquí, yo estoy a la puerta y llamo . . . "(Apocalipsis 3:20). ¿Es tu relación con Jesús sólo un conocimiento tibio o un conocimiento ardiente? Cuando buscamos profundizar con Dios, permitiéndole reescribir nuestros corazones como hijos del Todopoderoso en lugar de hijos del mundo, nos convertimos en poderosas flechas en la aljaba de Dios. Los matrimonios se curan, las familias, las relaciones se reconcilian y reclamas tu identidad como futuro residente del Reino. Cuanto más profundo sea tu caminar con Dios, más preparado estarás para afrontar las trampas del mundo, y a medida que maduras espiritualmente surges como un alma eficaz en el ministerio de Dios.

Accion

Entonces, ¿cómo nos convertimos en cristianos espiritualmente maduros que están capacitados para hacer discípulos? Lo hacemos convirtiéndonos nosotros mismos en discípulos de Jesús. Antes de que podamos efectivamente hacer discípulos de Jesús, primero debemos convertirnos en discípulos de Jesús. Ser un discípulo de Jesús comienza por llegar a conocerlo, lo cual usted ya ha comenzado a hacer. Llegamos a conocerlo pasando tiempo con Él a través de la meditación y memorización de Su Palabra, así como a través de la adoración y la oración. Si no conocemos los mandamientos que Jesús dejó para nosotros en la Palabra o la autoridad llena de poder que tenemos como hijos de Dios en el mundo, ¿cómo podemos caminar en este poder y vivir sus mandamientos día a día, y enseñar a otros a hacer lo mismo?

> SE LES ACERCÓ JESÚS Y LES DIJO: "SE ME HA DADO TODA AUTORIDAD EN EL CIELO Y EN LA TIERRA. VAYAN, PUES, Y HAGAN DISCÍPULOS DE TODAS LAS NACIONES, BAUTIZÁNDOLOS EN EL NOMBRE DEL PADRE Y DE JESÚS. AL HIJO Y AL ESPÍRITU SANTO, Y ENSEÑÁNDOLES A OBEDECER TODO LO QUE OS HE MANDADO. Y YO ESTARÉ CON VOSOTROS TODOS LOS DÍAS, HSTA EL FIN DEL MUNDO..
> —MATEO 28: 18-20 NIV

Otra palabra para discípulo es "seguidor" o "aprendiz". Si hemos de ser discípulos de Jesús, no es sólo que debemos enseñar lo que Él enseñó, sino además, ¡que nos proponemos seguir Sus caminos imitándolo! Cada acción realizada frente a otra persona es una oportunidad para presentarle a alguien a Jesús y la verdad de Su amor!

Estamos constantemente enseñando a otros, no sólo qué, sino a quién valoramos, por cómo vivimos nuestras vidas.

Cómo pasamos nuestro tiempo y lo que publicamos en las redes sociales, por ejemplo, muestra a los demás lo que valoramos. Nuestras acciones hablan. Puede que las mujeres que viajaban con Jesús no tuvieran voz entre ceremonias o servicios religiosos, pero sus acciones demostraban su amor y su fe en Jesús. Por eso leemos sobre ellas y tenemos su ejemplo para vivir—un ejemplo que Jesús no sólo aprobó, sino que aceptó personalmente, como un regalo para sí mismo, y **luego**, ¡Bendecida sea!

No importa si somos regulares en la iglesia y nos encanta hablar de Dios si nuestras acciones hablan de una vida apartada de Dios. Seguir a Jesús y rechazar lo que el mundo dice que es aceptable, ¡es difícil!

Sin embargo, a medida que aumenta la belleza santa, nuestro carácter comienza a mostrar el fruto del Espíritu Santo: Amor, alegría, paz, paciencia, amabilidad, bondad, fidelidad, mansedumbre y dominio propio, los deseos del mundo comienzan a desvanecerse, y se queda con el fruto hermoso que crece de una vida que ha buscado la belleza santa (rectitud).

Tenemos que preguntarnos: "¿Cuál es el mensaje que nuestras acciones transmiten a quienes nos observan, jóvenes y mayores?"

SIGUE MI EJEMPLO, COMO YO SIGO EL EJEMPLO DE CRISTO. —1 CORINTIOS 11:1 NIV84

Un domingo por la mañana estaba adorando en la iglesia con las manos levantadas y los ojos cerrados, imaginándome cómo sería caminar con Jesús en el Cielo, cuando sentí que me miraban. Por el rabillo del ojo, vi a una mujer inocentemente inclinada hacia adelante mirando alrededor de mi marido observándome adorar. Era nueva en la iglesia y, de hecho, una nueva creyente. Fingí no notarla y volví a mi camino con Jesús.

Si no hubiera abierto mis ojos, no hubiera sabido que ella me estaba observando. Dios me permitió ver esta dulce imagen de vivir mi fe frente a otra persona: Discipulado.

Sin saberlo, la estaba ayudando a conocer el carácter de Dios a través de mis acciones. Afortunadamente en ese momento, estaba actuando de una manera que valía la pena notar. Ahora tomo mis acciones más en serio, y me propongo ser un hacedor de la Palabra de Dios, no sólo un observador (Santiago 1:22).

Este curso está diseñado para equiparte con las habilidades esenciales para ser una mujer discípula de Jesús y luego saber cómo transmitir esas habilidades a los demás. Ya sea que su campo de batalla sea su hogar, el lugar de trabajo, el gimnasio, o las gradas en uno de los eventos deportivos de sus hijos, como cristianos, ahora más que nunca, nuestras acciones deben reflejar nuestro amor por Jesús y por los demás.

Hoy, cuando las lineas entre lo que está bien, lo que está mal y lo que es amor siguen difuminándose y mezclándose, debemos proponernos amarnos unos a otros como Jesús nos ama. Mateo, el discípulo que notó agudamente la gran misericordia de Jesús, registró para nosotros la descripción de nuestro Maestro de cómo ser discípulos que dan fruto espiritual. "Enseñad a estos nuevos discípulos a obedecer todos los mandamientos que os he dado" (Mateo 28:20 NIv). Enseñando a otros a obedecer todo lo que Jesús nos ha mandado es como hacemos discípulos, y eso comienza con el Primer y Más Grande Mandamiento.

AMARÁS AL SEÑOR TU DIOS CON TODO TU CORAZÓN, CON TODA TU ALMA Y CON TODA TU MENTE. ESTE ES EL PRIMERO Y EL MÁS GRANDE DE LOS MANDAMIENTOS. Y EL SEGUNDO ES SEMEJANTE A ÉSTE: 'AMA A TU PRÓJIMO COMO A TI MISMO'. DE ESTOS DOS MANDAMIENTOS DEPENDEN TODA LA LEY Y LOS PROFETAS
—MATEO 22:36-40 NIV84

A través de la Palabra de Dios conocemos Su carácter y Sus acciones hacia las personas. Descubrimos los límites que Él tiene para nosotros a través de Sus mandamientos, que fueron establecidos para nuestra seguridad y protección del maligno. Cuando crecemos para valorar las cosas que Jesús valora, y comenzamos a vestirnos con la Belleza Santa, el fruto de nuestras vidas llega a ser rectitud y paz y el deseo para el tesoro mundano comienza a desvanecerse cuando llegamos a ser de mentalidad del Reino.

. . . PERO LAS PREOCUPACIONES DE ESTA VIDA, EL ENGAÑO DE LAS RIQUEZAS Y LOS DESEOS DE OTRAS COSAS ENTRAN Y AHOGAN LA PALABRA, HACIÉNDOLA INFRUCTUOSA.
—MARCOS 4:19 NIV84

¿Qué opinas acerca de tener una mentalidad del Reino? ¿Qué sacrificios tendrías que hacer para convertirte en una persona con mentalidad del Reino?

¿Qué opinas de la afirmación: "Antes de poder hacer discípulos de Jesús con eficacia, primero debemos convertirnos en discípulos de Jesús"?

Tómate un momento para pedirle a Dios que te muestre las áreas de tu vida en las que tienes influencia sobre los demás. Anota esas áreas.

Las áreas enumeradas anteriormente conforman su campo de batalla. ¿Es ahora un buen momento para pedirle a Dios que te ayude a convertirte en un experto constructor de Sus hijos? ¿Por qué sí o por qué no?

El Coste y la Compensacion

PERDER TU VIDA PARA ENCONTRARLA

Convertirse en discípulo de Jesús es la elección más desinteresada que jamás hayas hecho. No es fácil y, sí, te costará la vida tal como la conoces. Pero cuando abandones tu vieja vida, serás recompensado con un inmenso de nueva vida de Dios. Ser discípulo de Jesús significa que confías en que el camino de Jesús es mejor que el tuyo, y tu vida empieza a dar frutos espirituales como prueba. Te das cuenta de que tu armadura improvisada no te queda bien y no ofrece la protección total que ofrece la armadura de Dios. Elegir la voluntad de Jesús significa que haces morir tus viejos patrones de pensamiento, tus viejos hábitos, deseos y planes, todos los días. Das el salto de la balsa del mundo que se hunde a la roca sólida de Jesucristo. Cuanto más te acerques a Jesús, más iluminado estarás en los caminos de Dios. Recuerda: ¡el mundo tiene limitaciones, Dios no!

Cuando me aferré a esta verdad para mí, no podía esperar para pasar este regalo de un futuro sin miedo con una base sólida y esperanza eterna a las personas en mi camino, ¡cuyas balsas de vida se estaban hundiendo! Antes de ser discipulado, sólo sabía "sobre" Jesús. Pero después, me enamoré de Jesús y Sus mandamientos fueron capaces de transformar mi vida ¡porque habían penetrado en mi corazón! ¡Había un fuego encendido en mí (Jeremías 20:9)! Finalmente tuve la esperanza de que realmente podría ser capaz de dejar ir el miedo y la desesperación del mundo que plagaban mi vida y me mantenían infructuosa. Estaba adquiriendo las destrezas que me permitirían vivir la vida para la que fui creada, ¡además de enseñar a otros a hacer lo mismo! Transmitir a los demás el don de la intimidad con Cristo forma parte de la Gran Comisión. Debemos amar a Dios con todo nuestro corazón, alma y mente, y luego ir y enseñar a otros a hacer lo mismo.

RUEGO QUE LOS OJOS DE TU CORAZÓN SEAN ILUMINADOS
PARA QUE CONOZCAS LA ESPERANZA A LA QUEÉL TE HA
LLAMADO, LAS RIQUEZAS DE SU GLORIOSA HERENCIA EN SU
PUEBLO SANTO . . .
—EFESIOS 1:18 NIV84

Es importante tener en cuenta que, como formador de discípulos, habrá momentos en los que parecerá que usted está luchando más por la libertad espiritual de alguien que ellos mismos. Jesús vino y se paró en la brecha por nosotros-¡Él fue el puente a nuestra libertad eterna! Cuando Dios pone a alguien en tu camino para discipularlo, solo tienes una cosa que hacer: Ser fiel para pararte en la brecha y siempre señalarle a Jesús.

Cuando eres un discipulador es importante entender que las decisiones que tomas dirigen a aquellos que estás guiando, porque aquellos que estás guiando están observando... imitando.

Me di cuenta de esto un día cuando estaba en un "debate" con uno de mis discípulos más importantes: mi hijo casi adolescente. Había sido una semana particularmente dura, y realmente sólo quería huir y tener tiempo para mí. En realidad, "yo" era la última persona con la que necesitaba tener tiempo libre. Era precisamente "yo" quien me hacía sentir que no debía ser madre en ese momento tan difícil. Podría haber cogido mi bolsa de "fin de semana fuera" (si es que tenía una) y haber dicho: "¡Ten esto arreglado para cuando vuelva! ¡He terminado!" Pero la verdad era que estábamos discutiendo porque yo no le había enseñado las habilidades adecuadas para tener éxito en la prueba a la que nos enfrentábamos. No había puesto límites claros y cuando cruzaba una de mis líneas invisibles, lo fulminaba con palabras duras. Él no quería discutir más que yo, pero en lugar de buscar el consejo de Dios, permití que mi mente exasperada anulara mi entrenamiento.

Afortunadamente, ¡esas no fueron las palabras que Jesús nos dejó! Una de las maneras en que modelamos a Jesús para aquellos que estamos guiando es por las decisiones que tomamos. Jesús no nos abandonó.

Él nos enseñó cómo apartarnos de la oscuridad y vivir en la Luz estableciendo límites claros en Su Palabra. Esto no significa que no puedas cometer errores. Esto significa que cuando usted comete errores, usted retrocede y los maneja de una manera piadosa: Arrepiéntete ante Dios, pide perdón a aquellos a los que has hecho daño, extiende el perdón donde sea necesario, cualquiera que sea la situación, y el propósito de corregir el error en el nombre de Jesús.

Al darme a mis hijos, el Señor me ha mostrado que no puedo elegir a quién discipular. El escoge por mí, y eso es una bendición y un honor. Habrá personas que parecen particularmente difíciles de caminar con y usted podría estar tentado a alejarse. Recuerda la Cruz. Jesús no eligió por quién pagaría el precio. Murió por todos nosotros, por igual. Si Dios ha puesto a una persona en tu camino, Él tiene un propósito para ello. La mayoría de las veces el propósito será entrenarte y acercar al otro. Por lo tanto, queridas hermanas, ¡siempre tengan el propósito de llevar a la gente a Jesús!!

COMO HIJA DEL ÚNICO REY VERDADERO, ¡ÉSTE ES TU GRAN ENCARGO!

BUSQUÉ ENTRE ELLOS A ALGUIEN QUE CONSTRUYERA EL MURO Y SE PUSIERA ANTE MÍ EN LA BRECHA EN NOMBRE DE LA TIERRA, PARA QUE YO NO TUVIERA QUE DESTRUIRLO, PERO NO ENCONTRÉ A NADIE.
—EZEQUIEL 22:30 NIV84

 *Repaso*

1. Estamos constantemente enseñando a la gente lo que valoramos por la forma en que vivimos. Debemos confesar a Jesús tanto con nuestras acciones como con nuestras palabras. ¡Nuestras acciones hablan!

2. El propósito del discipulado es que maduremos espiritualmente, siendo
2. transformados a la Imagen de Cristo.

3. Antes de que podamos hacer efectivamente discípulos de Jesús, primero debemos convertirnos en discípulos de Jesús.

3.
4. Cuando buscamos profundizar con Dios, permitiéndole reescribir nuestros corazones como hijos del Todopoderoso en lugar de hijos del mundo, nos convertimos en poderosas flechas en la aljaba de Dios.

 Principales Conclusiones

¿Qué ha aprendido de esta lección?

 *Antes de su Próxima Reunión*

1.

1. Intenta tener un Tiempo de Silencio al menos cuatro veces a la semana utilizando el método Formato del tiempo. Prepárate para compartir tu Tiempo de Silencio favorito con el resto del grupo.

2. Empieza a memorizar Proverbios 4:23 esta semana.

3. Líderes y participantes, asegúrense de completar el "Comparte tu viaje" al final de la lección.

Discipulado Auténtico para Mujeres
¡Así de Simple!

Comparta su Viaje con Nosotros

Creo que los movimientos de Dios vuelan sobre las alas de los testimonios. Nos encantaría saber cómo Cultivando la Belleza Santa te ha ayudado a crecer en tu caminar con Dios.

www.CultivatingHolyBeauty.com/yourjourney

Anexo

Cultivanado la Belleza Santa

Nombre: _____ Cumpleaños:_____

Teléfono: _____ Email:_____

Notas: _____

Nombre: _____ Cumpleaños:_____

Teléfono: _____ Email:_____

Notas: _____

Nombre: _____ Cumpleaños:_____

Teléfono: _____ Email:_____

Notas: _____

Nombre: _____ Cumpleaños:_____

Teléfono: _____ Email:_____

Notas: _____

Nombre: _____ Cumpleaños:_____

Teléfono: _____ Email:_____

Notas: _____

Nombre: _____ Cumpleaños:_____

Teléfono: _____ Email:_____

Notas: _____

Nombre: _____ Cumpleaños:_____

Teléfono: _____ Email:_____

Notas: _____

Libro 1: Intimidad con Jesus

REGISTRO DEL CURSO

TITULO DE LA LECCIÓN	VERSOS PARA MEMORIZAR	FECHA INICIO DEL LIDER
Lección 1: Prepárele una Habitación	_____	_____
Lección 2: Jesús es la Clave	_____	_____
Lección 3: Meditar en la Belleza de la Verdad	_____	_____
Lección 4: Cultivar Una Vida de Belleza Santa	_____	_____
Lección 5: Uniendo Corazones a Traves de la Oracion	_____	_____
Lección 6: La Belleza de la Rectitud	_____	_____
Lección 7: Profundizar	_____	_____
Lección 8: La Mujer y el Discipulado Hoy	_____	_____

REGISTROS FINALES DEL LIBRO 1

Terminar las Ocho Lecciones _____

Memorizar Seis Pasajes de las Escrituras _____

Número Total de Tiempos de Silencio Que he Completado _____

Sobre el Autor

Como muchos de los primeros discípulos de Jesús, no llegué al ministerio con una formación teológica ni con la elocuencia de alguien a quien se había enseñado en la iglesia desde una edad temprana. Una serie de decisiones difíciles en la vida y las consecuencias que siguieron abrieron heridas abiertas en mi vida, dejando al descubierto un corazón que se estaba muriendo espiritualmente y que necesitaba desesperadamente un Salvador. Y aquí es donde Jesús cerró la brecha, atrayéndome hacia Él a través de una serie de sueños y revelándome Su plan de salvación. Me encontré humillado, postrado al pie de la cruz. Hoy soy victorioso sólo gracias a Jesús.

En 2013, mi esposo, Adam, comenzó el programa de discipulado Todo hombre es un guerrero, de Lonnie Berger. Fue a través del sobreflujo transformador de Cristo en la vida de mi esposo que Dios me despertó. Él me llamó a comenzar a escribir Cultivando la Santa Belleza al darme cuenta de que las mentiras me habían mantenido cautiva durante más de una década antes de mi salvación. A medida que crecía en mi corazón el conocimiento de la Palabra, me convencí de Proverbios 30:5, "Toda palabra de Dios es inefable" y un día, me di cuenta: "¡Todas las promesas de Dios son verdaderas, y lo son para mí!". En ese momento, mi corazón se volvió como una ciudad luminosa en la ladera de una colina. Era como si se hubiera encendido la luz en mi interior, ¡y los demás querían saber qué había cambiado! Se me presentaba una oportunidad tras otra de compartir el Evangelio, de descorrer la cortina para despertar a la Esposa de Cristo a un Hijo que ya había resucitado.!

Como uno de Sus discípulos comisionados, estoy profundamente comprometido a preparar a la Novia para Su regreso. No tengo un currículum impresionante. No tengo experiencia en el arte de contar historias o enseñar estudios bíblicos. Mi única cualificación es Jesús. Soy su humilde siervo e instrumento. Estas palabras son una muestra de su obra en mi vida. No puedes enamorarte del Creador del universo y quedarte callado. Su amor lo cambia todo. Quiero que lo conozcas. ¿Te levantarás y te unirás a mí en su búsqueda? Él quiere ser encontrado (Jeremías 29:13).

Jessie North

Hija de Dios Vivo, Esposa y Madre
AUTOR
Cultivanado la Belleza Santa

Hoja de Trabajo Para el Tiempo Silencio

FECHA: / /

ESCRITURA QUE LEÍ:

PUNTO CLAVE:

VERSÍCULO FAVORITO:

RE ESCRIBA EL VERSÍCULO:

Con sus propias palabras y sin cambiar el significado

APLICACION Y ORACIÓN

¿CÓMO podría cambiar este versículo tu forma de vivir? ¿POR QUÉ es importante poner en práctica esta verdad en tu caminar diario con Dios? Escribe una ORACIÓN al Señor compartiendo lo que aprendiste y lo que el versículo significa para ti.

ENFATIZAR:

Concéntrese en las distintas palabras para comprender mejor su contexto y significado.

HAGA PREGUNTAS:

HAY...

¿UNA PROMESA DE RECLAMAR?

¿UN PECADO A EVITAR?

¿UNA ORDEN PARA OBEDECER?

¿ALGO NUEVO QUE HAYAS APRENDISTE SOBRE DIOS?

Hoja de Trabajo Para el Tiempo Silencio

FECHA: /   /

ESCRITURA QUE LEÍ:

PUNTO CLAVE:

VERSÍCULO FAVORITO:

RE ESCRIBA EL VERSÍCULO:

Con sus propias palabras y sin cambiar el significado

APLICACION Y ORACIÓN

¿CÓMO podría cambiar este versículo tu forma de vivir? ¿POR QUÉ es importante poner en práctica esta verdad en tu caminar diario con Dios? Escribe una ORACIÓN al Señor compartiendo lo que aprendiste y lo que el versículo significa para ti.

ENFATIZAR:

Concéntrese en las distintas palabras para comprender mejor su contexto y significado.

HAGA PREGUNTAS:

HAY...

¿UNA PROMESA DE RECLAMAR?

¿UN PECADO A EVITAR?

¿UNA ORDEN PARA OBEDECER?

¿ALGO NUEVO QUE HAYAS APRENDISTE SOBRE DIOS?

Cultivating Holy Beauty | www.CultivatingHolyBeauty.com   145

PUNTO CLAVE:

VERSÍCULO FAVORITO:

RE ESCRIBA EL VERSÍCULO:
Con sus propias palabras y sin cambiar el significado

APLICACION Y ORACIÓN
¿CÓMO podría cambiar este versículo tu forma de vivir? ¿POR QUÉ es importante poner en práctica esta verdad en tu caminar diario con Dios? Escribe una ORACIÓN al Señor compartiendo lo que aprendiste y lo que el versículo significa para ti.

ENFATIZAR:
Concéntrese en las distintas palabras para comprender mejor su contexto y significado.

HAGA PREGUNTAS:

HAY...

¿UNA PROMESA DE RECLAMAR?

¿UN PECADO A EVITAR?

¿UNA ORDEN PARA OBEDECER?

¿ALGO NUEVO QUE HAYAS APRENDISTE SOBRE DIOS?

Hoja de Trabajo Para el Tiempo Silencio

PUNTO CLAVE:

VERSÍCULO FAVORITO:

RE ESCRIBA EL VERSÍCULO:
Con sus propias palabras y sin cambiar el significado

APLICACION Y ORACIÓN
¿CÓMO podría cambiar este versículo tu forma de vivir? ¿POR QUÉ es importante poner en práctica esta verdad en tu caminar diario con Dios? Escribe una ORACIÓN al Señor compartiendo lo que aprendiste y lo que el versículo significa para ti.

ENFATIZAR:
Concéntrese en las distintas palabras para comprender mejor su contexto y significado.

HAGA PREGUNTAS:

HAY...

¿UNA PROMESA DE RECLAMAR?

¿UN PECADO A EVITAR?

¿UNA ORDEN PARA OBEDECER?

¿ALGO NUEVO QUE HAYAS APRENDISTE SOBRE DIOS?

PUNTO CLAVE:

VERSÍCULO FAVORITO:

RE ESCRIBA EL VERSÍCULO:

Con sus propias palabras y sin cambiar el significado

APLICACION Y ORACIÓN

¿CÓMO podría cambiar este versículo tu forma de vivir? ¿POR QUÉ es importante poner en práctica esta verdad en tu caminar diario con Dios? Escribe una ORACIÓN al Señor compartiendo lo que aprendiste y lo que el versículo significa para ti.

ENFATIZAR:

Concéntrese en las distintas palabras para comprender mejor su contexto y significado.

HAGA PREGUNTAS:

HAY...

¿UNA PROMESA DE RECLAMAR?

¿UN PECADO A EVITAR?

¿UNA ORDEN PARA OBEDECER?

¿ALGO NUEVO QUE HAYAS APRENDISTE SOBRE DIOS?

PUNTO CLAVE:

VERSÍCULO FAVORITO:

RE ESCRIBA EL VERSÍCULO:
Con sus propias palabras y sin cambiar el significado

APLICACION Y ORACIÓN
¿CÓMO podría cambiar este versículo tu forma de vivir? ¿POR QUÉ es importante poner en práctica esta verdad en tu caminar diario con Dios? Escribe una ORACIÓN al Señor compartiendo lo que aprendiste y lo que el versículo significa para ti.

ENFATIZAR:
Concéntrese en las distintas palabras para comprender mejor su contexto y significado.

HAGA PREGUNTAS:
HAY...
¿UNA PROMESA DE RECLAMAR?

¿UN PECADO A EVITAR?

¿UNA ORDEN PARA OBEDECER?

¿ALGO NUEVO QUE HAYAS APRENDISTE SOBRE DIOS?

Hoja de Trabajo Para el Tiempo Silencio

PUNTO CLAVE:

VERSÍCULO FAVORITO:

RE ESCRIBA EL VERSÍCULO:

Con sus propias palabras y sin cambiar el significado

APLICACION Y ORACIÓN

¿CÓMO podría cambiar este versículo tu forma de vivir? ¿POR QUÉ es importante poner en práctica esta verdad en tu caminar diario con Dios? Escribe una ORACIÓN al Señor compartiendo lo que aprendiste y lo que el versículo significa para ti.

ENFATIZAR:

Concéntrese en las distintas palabras para comprender mejor su contexto y significado.

HAGA PREGUNTAS:

HAY...

¿UNA PROMESA DE RECLAMAR?

¿UN PECADO A EVITAR?

¿UNA ORDEN PARA OBEDECER?

¿ALGO NUEVO QUE HAYAS APRENDISTE SOBRE DIOS?

Mateo 22:36-38

LECCIÓN 3: MEDITAR EN LA BELLEZA DE LA VERDAD

2 Timothy 3:16-17

LECCIÓN 4: CULTIVAR UNA VIDA DE SANTA BELLEZA

CULTIVATING Holy Beauty

CULTIVATING Holy Beauty

Philippians 4:6-7

LECCIÓN 5: UNIR LOS CORAZONES MEDIANTE LA ORACIÓN

Philippians 4:8

LECCIÓN 6: LA BELLEZA DE LA JUSTICIA

CULTIVATING Holy Beauty

CULTIVATING Holy Beauty

CHAPTER 3: MEDITATING ON THE BEAUTY OF TRUTH

LIBRO 1: INTIMIDAD CON JESÚS

Memoria de las Escrituras

CHAPTER 4: CULTIVATING A LIFE OF HOLY BEAUTY

LIBRO 1: INTIMIDAD CON JESÚS

Memoria de las Escrituras

CHAPTER 5: KNITTING HEARTS TOGETHER THROUGH PRAYER

LIBRO 1: INTIMIDAD CON JESÚS

Memoria de las Escrituras

CHAPTER 6: THE BEAUTY IN RIGHTEOUSNESS

LIBRO 1: INTIMIDAD CON JESÚS

Memoria de las Escrituras

Jeremiah 29:11

1 Corinthians 11:1

CHAPTER 7: GOING DEEPER

CHAPTER 8: WOMEN AND DISCIPLESHIP TODAY

LIBRO 1: INTIMIDAD CON JESÚS

Memoria de las Escrituras

LIBRO 1: INTIMIDAD CON JESÚS

Memoria de las Escrituras

BOOK 1: INTIMACY WITH JESUS

BOOK 1: INTIMACY WITH JESUS

LIBRO 1: INTIMIDAD CON JESÚS

Memoria de las Escrituras

LIBRO 1: INTIMIDAD CON JESÚS

Memoria de las Escrituras

Made in the USA
Coppell, TX
19 September 2024

37435120R00096